U0054258

合著

瘋狂的打工旅遊日誌

吃喝玩樂一本就搞定

如寶女30天
圓夢趣

一個月玩遍美國 6 大城市?!

邁阿密、奧蘭多、紐約、拉斯維加斯、洛杉磯、舊金山

跟著我們玩,什麼都有可能!

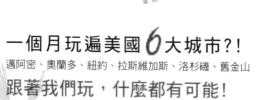

1 個月 · 2 個女生 · 3 個月打工 · 4 個州 · 5 個OUTLET · 6 個城市 ·
7 個遊樂園 · 8 個人生必去景點 · 9 個特派員 · 10 萬的圓夢旅行

Contents 目錄

玖 · 遊樂園攻略特輯

拾 · 附錄

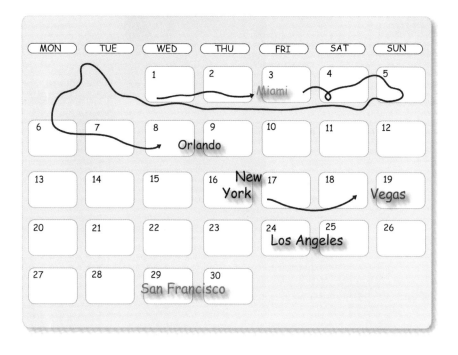

MON	TUE	WED	THU	FRI	SAT	SUN
		1	2	3 Miami	4	5
6	7	8 Orlando	9	10	11	12
13	14	15	16 New York	17	18	19 Vegas
20	21	22	23	24 Los Angeles	25	26
27	28	29 San Francisco	30			

前言

Ivy

　　我們的好友 Eric，聽到我們一個月要去美國的六個城市，幾乎天天對我們說：不可能！因為他覺得只靠打工的錢，根本就是天方夜譚！

　　對！打工的錢是不多，但是我們認為，難得來美國，也許有可能是我一生中唯一的一次，我不希望這趟旅程留下遺憾，所以我們選了六個最想去的美國城市，完成這趟「玩美旅行」。我們英文沒有特別好，沒有超級省錢（想省錢請找背包客的書），玩得很累但超開心！

　　每個人對於旅行的定義與想法不同。我非常愛吃，所以要我餐餐吃麵包、泡麵，我可能會抓狂，跟一般女生一樣，我很愛買東西，但是絕對要物超所值。OUTLET 是必去景點，迪士尼是夢想，環球是新歡！每個城市的知名景點我一定都要留下痕跡！萬一沒機會再來美國怎麼辦！？這就是我們行程如此緊湊的原因！因為我全都要玩到！！

　　如果你認為旅行就該放輕鬆慢慢來，你可以從書中挑出幾個城市或景

林亞靜

輔仁大學 / 織品服裝學系碩士班 /
實踐大學 / 服飾設計與經營學系

元旦寶寶，以身為魔羯座而驕傲。
名字有靜卻很吵，喜歡大家聚在一起大笑。
熱衷於吃吃喝喝，吃到美味的料理會瘋狂推薦。
常在殺價、比價，因為討厭買到貴的東西。
沒事愛上網，查資訊最厲害。
會認路，但往往說東就會是西，毫無方向感可言。
愛上旅遊，規劃旅遊會期待得睡不著。

旅遊準則 |
一切都要在掌控之中，不能浪費時間在沒有準備好的事，
將有限的預算發揮到淋漓盡致。

點，慢慢逛，把時間拉長好好享受。但如果你跟我們是個小瘋子，那就跟緊我們的行程放肆的玩吧！

　　一趟完美的旅行，需要完整的規劃，否則就是浪費時間與金錢。當然一分錢一分貨，有些時候我寧願多花一點錢，也不願浪費旅行的時間。例如想看百老匯，為了 5 折的票，去折扣票亭排長長的隊伍，那我寧願多花一點錢，上網買票選更好的位置，把排隊時間，拿去多看一個景點。而我們上網買的票，還是比原價便宜了 60 美元。又好比你想去看自由女神，沒有事先計畫就過去，發現大排長龍，買張船票就要等上一小時，如果你看了我們的書，就會知道早該在網路買票了！屆時，你可以看著冗長等待的人群，慢條斯里的經過他們！

　　所以我們的書，幫你省時省錢，讓你多睡一點。旅行除了錢之外，你最需要的就是體力！沒有體力你哪能玩！我們把要注意的重點，都記錄下來，帶著這本書，你可以輕鬆暢遊美國六大城！

　　最後，一定要看完所有章節！因為有些小資訊，可能隱身在你沒有要去的城市歐！（這樣好像很賊，逼你看完整本？）希望這本書，可以對所有讀者都有幫助，讓你也能有段難忘的「完（玩）美旅行」。

Amber

　　從來沒有想過要出書，更沒想過會是一本旅遊書。旅行對我來説是一件很重要的事，透過旅行，看看外面的世界，可以讓自己遠離一下現實，心滿意足的回來之後，繼續期待下一次的旅行？（笑）

　　當我們興致勃勃，訂好一個月去六個城市的計畫時，還天真的以為所有人都跟我們一樣，難得去美國，就是要玩夠本才回家，完全沒想到大部分的人都只計畫去兩三個地方，像我們又飛東岸、又飛西岸的神經病，實在是少之又少。但我們還是不打算放棄，也真的完成了。

　　因為只有一個月，要把每個城市玩的很透徹，實在是有些困難，只能去一些必去的景點，吃大家都推薦的餐廳。這一個月，我們每天都過得充實、快樂又滿足，我們沒有超級省錢，也沒有小巷弄間的私密景點，但我們將所有行程都事先規劃好，即便只是一天的時間，也可以完成所有想去的地方（上網做功課很重要）。不過最重要的是，我們有一群心地善良、樂意分享的朋友，將他們的經驗及心得提供給我們做參考，讓我們的整趟旅程更加順遂。

　　如果你也打算去美國旅行，或者嚮往去美國生活，希望這本書對你有幫助，豐富的旅遊景點、詳細的景點資訊、完整的行程規劃，及有趣的經驗分享，把我們所知道，甚至是來不及去的，都分享於你，希望大家都可以有最棒的「完（玩）美旅行」。

黃怡凡

實踐大學 / 服飾設計與經營學系 /

雙魚座，應該浪漫卻非常理性。
從迪士尼頻道到東京迪士尼，
喜歡海邊也喜歡遊樂場，是個動靜皆宜的女孩。
負責掌管每次出遊的旅遊基金。
冷靜的個性，常常看起來很冷漠，
卻又會常常發生讓人噴飯的行為。例如：常常跌倒。
每次旅行都在計畫下一次的行程。

旅遊準則|

開心為最高生活原則，旅行就是要留下最美好回憶。

共同介紹

　　不像一般感情好的少女，以好姊妹相稱、走到哪都要手牽手、瘋狂自拍、用一樣的東西，說著多愛彼此，Amber 與 Ivy 對於 16 年的友情，只有覺得好噁心。

　　小學一年級開始同班兩年，卻很不熟，到了高二那年又再度同班，因為認出彼此是自己小學同學，才開啟這段噁心的友誼橋樑。

　　到了大學，兩人推甄上同樣的系，當了三年室友，玩遍台灣，從宜蘭、台中、台南、墾丁到澎湖，還去了泰國，在 2011 年一起前往美國。Facebook 的好友名單裡，一半以上都是共同好友，七年來幾乎過著天天見面的生活。

　　如此噁心，也可以說有默契的兩人，對於旅遊，喜歡的景點及方式都一樣，總是一起討論旅遊地點，Ivy 負責訂房交通，Amber 則是負責財務，每次旅行，都希望大家可以花最少錢，玩到最超值的行程。

　　在美國行結束之後，馬上開始計畫下一次旅行，希望是新加坡環球影城或者是香港迪士尼，如果你跟我們一樣，夢想到處玩樂，請隨時 follow 我們最新的旅遊資訊。

FB 粉絲團：玩美旅行－小資女 30 天圓夢趣

無名部落格：Anltrip0401

1-1 行程規劃

　　因為是參與打工旅遊計畫，根據規定，打工結束後，我們可以有一個月時間停留美國，算是我們的旅遊時間，都難得來到美國了，當然是要玩到最後期限再回家。Amber 跟 Ivy 馬上決定，把我們所有想去的城市及景點都一一列出，迪士尼是一定要去的，紐約更是不能錯過，大家都好像很愛去洛杉磯，好萊塢明星也都住在那，到西岸怎麼可以不去金碧輝煌的拉斯維加斯……。就這樣，決定了我們一個月玩遍六個城市的瘋狂行徑。

　　我們與旅行社來來往往溝通了很久，才終於以滿意的價錢及路線買到機票，我們的旅行就在有限的時間內，走完所有我們想去的地方，雖然還是有些小遺憾，但一切也算滿意，在有了這次經驗後，稍微做了些調整，規劃出 30 天的玩 (完) 美旅行。

START

3 天

**MIAMI
邁阿密**

DAY_1
自由之塔 / 邁阿密熱火隊 / 杯賽碼頭

DAY_2
林肯路 / 南灘

DAY_3
KEY WEST

6 天

**NEW YORK
紐約**

8 天

**ORLANDO
奧蘭多**

DAY_1 - DAY_4
迪士尼世界

DAY_5
OUTLET

DAY_6 - DAY_7
環球影城

DAY_1
大都會博物館 / 第五大道 /
LADY M / 帝國大廈

DAY_2
中央公園 / 紐約公共圖書館 / 中央車站

DAY_3
自然歷史博物館 / 跳蚤市場 / 布魯克林大橋

DAY_4
蘇活區 / 凱莉的家 / 時報廣場 / 百老匯

DAY_5
OUTLET/ 洛克斐勒中心

DAY_6　洋基球場

DAY_7　自由女神 / 華爾街 / 南街海港

3天

LAS VEGES
拉斯維加斯

DAY_1
飯店參觀 / 看秀
DAY_2
大峽谷
DAY_3
BUFFET /OUTLET

LA
洛杉磯

6天

DAY_1 星光大道 / 比佛利山莊 / 農夫市集
DAY_2 環球影城
DAY_3 OUTLET 購物行程
DAY_4 葛萊美博物館 / 斯台普斯中心
        / 天文台
DAY_5 迪士尼樂園 / 博物館 + 海邊
DAY_6 迪士尼樂園

SFO
舊金山

4天

DAY_1
優勝美地
DAY_2
九曲花街 / 漁人碼頭 / 惡魔島
DAY_3
藝術宮殿 / 金門大橋 / 六姐妹 / 卡斯楚街
DAY_4
赫氏古堡 / 丹麥村

1-2 決定生死的美簽

打工旅遊

　　當你的代辦通知你 DS-2019（合法文件）來了，就可以上網預約辦理簽證了歐！

自助旅遊

　　當你決定要去哪一州，哪個城市，玩幾天，規劃得差不多的時候就可以預約辦理簽證了歐！

填寫 DS-160

1　先到 www.ait.org.tw/zh/niv-applications.html 填寫 DS-160，依照上面指示一步一步進行

2　選完所在位置以及語言，必須上傳照片。如果一直上傳失敗，沒有關係跳過直接開始填寫，去面試的時候記得帶正確格式照片就行摟！（5*5 公分、白背景、露耳、六個月內照片，如果你護照是超過六個月以前申請的，請不要拿跟護照一樣的照片想矇騙 AIT 的人！很容易就被發現！）

3　進去之後，會到 Application Information 頁面，請記下它給你的 Application ID，並且選擇一個提示問題，記住自己寫的回答。在之後如果登出了可是要靠這資料在登入歐！

4　填寫完成後，列印單據，恭喜你完成了最困難的部份了！

小叮嚀

◎ 填寫時千萬記得完成一部分就按 "SAVE" 存檔，不然系統一超過 20 分鐘就會登出，如果忘記存檔填到一半被踢出去，真的會很生氣！

◎ 不知道家裡英文地址請到：中華郵政全球資訊網。
（把家裡地址抄下來，放到護照夾裡，之後常常需要用到英文地址歐！）

◎ 填寫時會需要姓名中翻英，請到：外交部領事事務局，去查詢父母及兩位非親屬友人的羅馬拼音，如果皆有護照，請以護照名為主。
（把父母以及緊急聯絡人羅馬拼音記下來，收到護照夾，之後會需要用到。）

◎ 填寫表格過程中，若要返回上一頁更改內容，不能使用瀏覽器的「上一頁」，請按系統中的 Back 鍵，如： Back：Personal 否則你填的資料會全部消失。

◎ 填寫不用擔心英文看不懂，因為滑鼠移過去就會有中文摟！

預約辦理簽證時間

1. 到 www.visaagent.com.tw/niv/ch-index.asp，點選登入「預約系統」，打工旅遊是「J-1 交換賓客簽證」自助旅行是「B-2」填上 DS-160 確認碼，回答問題後，得到密碼。

2. 回到 www.visaagent.com.tw/niv/ch-index.asp，點選「預約面談時間」，輸入密碼，完成後記得列印預約確認單。

劃撥簽證費

1. 到郵局拿劃撥單填寫：

   郵局劃撥帳號：19189005

   戶名：美國銀行代收美國在台協會簽證手續費專戶

   金額請至 www.ait.org.tw/zh/nonimmigrant-visas-fees.html 查詢。

2. 再填寫一張：台灣源訊科技股份有限公司手續費

   郵局劃撥帳號：19832104

   戶名：台灣源訊科技股份有限公司

   金額：新台幣 275 元。

3. 以上兩張劃撥收據請收好，申請簽證時需要。

申請簽證

1. 檢查所有需要的文件帶齊了嗎？

2. 前往美國在台協會 - 台北辦事處，地址：106 台北市信義路三段 134 巷 7 號，最近的捷運站為台北捷運木柵線大安站。

3. 進入所有電子儀器都會被保管，進去就是花很多時間排隊，裡面也有快照機可以照相歐！

4. 面試前，對於自己要去美國時間以及地點要了解清楚，不要一問三不知！面試不用太緊張，英文聽不懂面試者會說中文。

5. 通過面試之後，簽證並不會馬上給你，而是寄到家中，同行的友人可以一起合寄到同一個地址節省運費歐！

6. 收到寄來的簽證，請仔細檢查你的 DS-2019(打工旅遊才有) 以及 J-1 或 B-2 簽證，是否正確在信件裡頭，有問題請致電美國在台協會 - 台北辦事處：02-2162-2000。

Ivy 小提醒

注意，根據美國法律規定，每一位申請觀光或學生簽證前往美國的人都被假設為有移民的企圖，所以我們必須提供證明文件。為了能到美國打工或旅遊，必需證明我們在台灣有強烈的約束力（例如單親家庭，家人都在台灣，回來要念研究所等等），能迫使我們在行程結束後離開美國。所以有可能簽證官會需要提出文件，以說明您在台灣的情況。

必備文件

1. 護照正本（須距回國時還有半年以上期限）

2. DS-2019 文件（打工旅遊）

3. DS-160 確認表（預約簽證時網站列印出來的）

4. 預約面談表（預約簽證時網站列印出來的）

5. 5 公分 ×5 公分白色背景照片一張

6. 台灣全戶戶籍謄本

（含詳細記事內容，若不是台灣居民，請帶外僑居留證或台灣簽證。）

7. 簽證費及源訊科技公司資料處理費劃撥收據（共 2 張）。

8. 所有舊護照。

（如無法提出舊護照者，請向出入境管理局申請近 10 年出入境記錄。）

備用文件

打工旅遊

1. 所有年級英文版成績單正本

2. 有效學生證正本

3. 雇主的聘任同意書影本

4. 存摺正本（本人或父母的均可，金額約台幣 2-3 萬即可）

自助旅行

1. 財力證明，如記有近幾個月交易記錄的存摺正本（不單是存款餘額證明）、稅單、或不動產權狀

2. 在職證明或含照片的公司識別證

3. 學生成績單

4. 所得稅扣繳憑單

5. 有關這趟行程的資料

6. 公司負責人請帶公司登記證、執照及最近的稅單

7. 結婚證書

8. 小孩的申請可以提供全戶戶籍謄本、出生證明、學校成績單、父母的財力證明及護照。

1-3 買機票搭飛機的準備

因為票價以及稅金的異動，機票當然是越早買越便宜摟！建議找較具知名的大旅行社購買機票，因為近年常有旅行社惡性倒閉的新聞，所以找較有口碑的旅行社，相對比較有保障。CIEE 代辦推薦，打工旅遊學生經常配合的新銳旅行社─柯先生，他對於打工旅遊計畫相當了解也比較熟悉，溝通也比較方便。柯先生給我們相當優惠的價格，且刷卡、現金同價格。

為什麼會提到刷卡價跟現金價呢？因為刷卡的話旅行社會被銀行收取 2-3％的手續費，所以一般旅行社的刷卡價格都會比較高。但是現在刷卡買機票一般銀行都有贈送保險、貴賓室使用或是接機等等服務，父母替子女刷卡買機票也有保險，所以我們選擇刷卡買機票。詳細資訊請查該發卡銀行（像是金額必須超過多少錢或是機票的百分之幾才有贈送保險資訊都要看清楚。），每間銀行贈送的東西差很多，多比較不吃虧！

Ivy 不使用信用卡，因為怕自己愛買的個性，會忘了節制，所以辦張 VISA 金融卡，有多少刷多少。最後發現華南銀行的白金 VISA 金融卡，買機票就有贈送公共運輸工具期間旅行平安險 2,000 萬元，以及班機延誤、行李延誤遺失險……等等，相較於其他銀行的 VISA 金融卡，買機票最為優惠，非常適合我們，所以邀 Amber 一同辦了兩張卡。

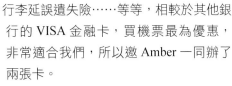

郵局的 VISA 金融卡也很多人推薦，目前有現金回饋 0.5％ -0.6％，但買機票就沒有贈送這麼多東西了。正確相關資訊請自行上網查詢摟！

※ 刷卡有每日消費額限制，記得詢問發卡行，有需要可以打電話提高額度。

新銳旅行社	www.sentravel.com.tw
	02-2100-1986
燦星旅遊	www.startravel.com.tw
	02-8178-3000
卡優新聞網	www.cardu.com.tw
	（有完整的信用卡資訊網，提供信用卡訊息與各信用卡的功能比較！）
華南白金 VISA 金融卡	www.hncb.com.tw/credit/card9visa.shtml
	02-2181-0101

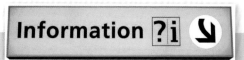

Information ?i

買機票要注意什麼呢！

1. 價格包含幾件行李以及重量。

2. 同一航班如果有兩個同名的訂位記錄，可是會被取消的，所以同時跟幾家旅行社聯繫的話，要注意是不是重複訂位。

3. 記清楚最後開票期限。什麼是開票呢？就是把錢付清完成購買的動作。

4. 價格過於便宜，或是被要求短時間內立即開票的，都要小心謹慎，看過不少要去打工旅遊卻因為買機票被騙錢的案例，所以務必要找有誠信的旅行社才安心歐！

5. 英文名是否與護照上相同，非常重要！

6. 美國內陸的機票要不要先買都可。如果內陸機票先買好了，且開在同一張機票，行李會算在國際線的兩件免錢（這是以我們本身案例來說，可以問問自己的旅行社歐！）；如果是分開買的話，通常美國內陸機票是比較便宜，不過行李大約都要一件 25 美金左右。而便宜的機票最好在五週以前購買。

7. 改機票地點時間的價格。去美國打工到了之後會有許多狀況，可能遇到很棒的旅伴因此想更改旅遊計畫，或是跟旅伴相處不來等等很多情形，Ivy 跟 Amber 身邊的同事們幾乎都改了時間或是地點。以新銳旅行社來說，改時間不改地點一次更改費用新台幣 1200 元（不管你是有多少段航班時間要改，一次都是新台幣 1200 元，但詳情還是要詢問旅行社）。如果更改地點價格都不低，我們同事本來從 LA 回台灣最後改紐約回去，改機票就花了 6000 新台幣。所以如果你是個容易猶豫的人，那我建議你先買國際線的機票，到美國再買美國內陸機票，不然改時間又改地點，這些錢都可以多買好幾段機票了！

8. 轉機點停留是否要額外收費？ Ivy 跟 Amber 在香港轉機想停留 3 天，所以被收了一些費用。要注意所停留的國家是否需要簽證，可一併辦妥歐！

9. 出發時間越接近暑假越貴！越早出發越好！ Ivy 跟 Amber 可是畢業兩天後就馬上搭飛機了！

美國內陸便宜機票網站

西南航空	www.southwest.com
Jetblue	www.jetblue.com
Airtran	www.airtran.com
Frontier Airlines	www.frontierairlines.com
Sun Country	www.suncountry.com
PRICELINE	www.priceline.com

在 PRICELINE 你可以用出價的方式買到很便宜的
機票，但一切要看運氣！

比價網

Travelocity	www.travelocity.com
Kayak	www.kayak.com
ita	matrix.itasoftware.com
Booking Buddy	www.bookingbuddy.com
學生機票	www.studentuniverse.com
Cheap Flights	www.cheapflights.com

累積里程

	合作夥伴
亞洲萬里通 Asia Miles www.asiamiles.com	國泰航空、港龍航空、中國東方航空、中國國際航空、美國航空、阿拉斯加航空、墨西哥航空、日本航空、澳洲航空、英國航空……等等。
長榮航空 Eva Air www.evaair.com	美國大陸航空、全日空、韓亞航空、中國國際航空
中華航空 China Airlines www.china-airlines.com	中國國際航空、海南航空、香港航空、香港快運航空
星空聯盟 Star Alliance www.staralliance.com	中國航空、新加坡航空、泰國航空、全日空、韓亞航空、加拿大航空、聯合航空、全美航空、美國大陸航空、紐西蘭航空……等等。
天合聯盟 SkyTeam Airline Alliance www.skyteam.com	中華航空、達美航空公司、墨西哥航空、法國航空、中國東方航空、中國南方航空、韓國大韓航空、越南航空公司……等等。

Ivy 跟 Amber 這次只搭乘國泰跟美國航空，所以加入亞洲萬里通會員，加入會員是免費的歐！而我們這一趟賺取了 21,035 里程數，兩萬哩可以兌換首爾以及中國多點，一萬五千哩可兌換香港，三萬哩可兌換東京，六萬哩可兌換倫敦，以上均為來回經濟客位。除了機票還有酒店、電子產品等，詳情還是上網自己查

【注意】：可以詢問旅行社你買的機位可以累積 100% 的里程數嗎？因為有些機位只能累積 50%，仔細問清楚，精打細算你才可以賺到一張來回機票！還要注意里程數的有效期限！才不會浪費這一趟里程。

緊急聯絡方式

在出國前抄下到美國可能用的緊急聯絡電話，例如：保險公司提供的海外急難救助電話。並抄下個人台灣與美國緊急聯絡人英文姓名以及電話，放入皮夾或是護照夾裡。

駐美國台北經濟文化代表處
Taipei Economic and Cultural Representative Office in the United States

地址：4201 Wisconsin Ave., N.W. Washington, DC 20016-2137
電話：1-202-895-1800
傳真：1-202-363-0999

急難救助

急難救助電話專供緊急求助之用，如車禍、搶劫、有關生命安危緊急情況……等，非急難重大事件，請勿撥打；一般護照、簽證等事項，請於上班時間以辦公室電話查詢。

外館緊急電話：1-202-669-0180
全球免付費專線：011-800-0885-0885

備份重要文件

　　所有的重要資料（護照、簽證、DS-2019……等）影印兩份，一份留在臺灣家中，一份可放置於行李箱中，正本隨身攜帶。（建議也可掃描或照相儲存於網路空間，例如網路信箱。）Ivy 與 Amber 的好友剛到美國就掉了所有的重要文件，好險還有影本在重新申請時方便許多，並且也算是暫時證明你的合法入境。另外帶幾張護照以及美簽格式照片，以備不時之需。

入境表格

　　入境美國的外籍旅客都必須在下飛機前填寫兩份表格，一份是 I-94 表格（I-94 Form），一份是美國海關申報表（Custom Declaration）。I-94 是美國移民局認可您合法進入美國的證明，同時在到期之前，也能證明您沒有在美國逾期非法居留。這張小白卡通常會由美國移民官釘在旅客的護照上，等準備離開美國出境時，再由航空公司人員收回，交給移民局，建立您出入美國國境的紀錄，不然將來有可能被美國拒絕入境。

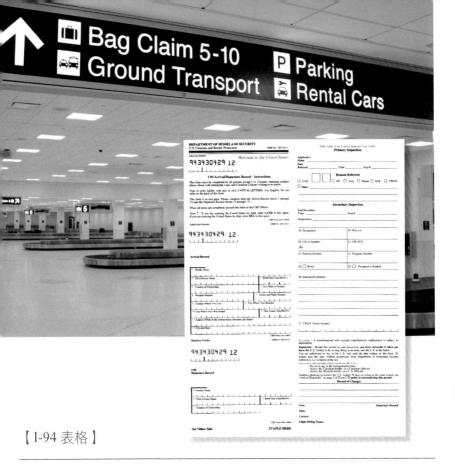

【 I-94 表格 】

1. 姓

2. 名

3. 生日（日／月／年）

4. 國籍

5. 性別（男性或女性）

6. 護照號碼

7. 航空公司／飛機班次

8. 居住國家

9. 登機城市

10. 核發簽證城市

11. 核發簽證日期（日／月／年）

12. 停留美國時地址
　　（門號及街名）

13. 城市及州名

14. 姓

15. 名

16. 生日（日／月／年）

17. 國籍

【海關申報表】

Each arriving traveler or head of family must provide the following information（only ONE written declaration per family is required）：

每位入關的旅遊者或一家之主必須提供以下資料（一個家庭只須申報一份）：

1. Family Name_____First（Given）_____ Middle_____

   1. 姓氏_____名字_____中間名 _____（中間名不填）

2. Birth date

   ____Day____Month____Year

   2. 出生日期：

   ___日___月___年

3. Number of family members traveling with you：

   3. 與你同行的家庭成員人數：

4. U.S. Address：	4. 在美地址：
5. Passport issued by （country）	5. 護照發照（國家）
6. Passport Number	6. 護照號碼
7. Country of Residence	7. 居住國家
8. Countries visited on this trip prior to U.S. arrival	8. 到美國前造訪過的國家
9. Airline/Flight No：	9. 航空公司 / 航班號：

10. The primary purpose of this trip is   business.
    YES ○ NO ○

10. 此次旅程的主要目的是商務？
    是 ○ 否 ○ （勾 NO）

11. I am/we are bringing fruits, plants, meats, food, soil, birds, snails, other live animals, farm products, or I/ we have been on a farm or ranch outside the U.S.
    YES ○ NO ○

11. 您攜帶水果、植物、肉類、食品、土壤、鳥類、蝸牛、其他動物和農產品，或您一直居住在美國以外的農村或牧場嗎？
    是 ○ 否 ○ （勾 NO）

12. I am/we are carrying currency or monetary instruments over $10000 U.S. or the foreign equivalent ？
    YES ○ NO ○

12. 您攜帶現金或珍貴物品，其價值超過一 萬美金或相當於一萬美金的外幣嗎？
    是 ○ 否 ○ （勾 NO）

13. I have （We have） commercial merchandise? （articles for sale, samples used for soliciting orders, or goods that are not considered personal effects.）
    YES ○ NO ○

13. 您有攜帶任何商品嗎？（販賣之商品、訂購之樣本等任何非屬私人之物品）
    是 ○ 否 ○ （勾 NO）

14. The total value of all goods I/we purchased or acquired abroad and am/are bringing to the U.S. is （see instructions under Merchandise on reverse side; visitors should report value of gifts only）：
    $_____ U.S. Dollars

14. 您境外購買或獲得並帶入美國所有物品總價值（參看 背面商品欄目；訪問者只須申報禮品價值）：
    $ _____ 美元（填上兩位數字即可）

I have read the important information on the reverse side of this form and have made a truthful declaration.
    SIGNATURE_____
    Date_____

我已閱讀過這表格背面之重要須知，並據實以報。
    簽名 _____
    日期 _____

0
3
1

1-4 美國小筆記

美國時間

　　美國因為地大，所分布的時區也大，從東到西都位在不同時區上，要特別注意的是，從 4-10 月美國有所謂的是日光節約時間（Daylight Saving Time），會將時間提早一個小時，以節約能源，所以冬天跟夏天的時差是有所不同的，去之前應該要先查詢清楚！若是不清楚在哪一區域，可上網查詢

網址：time.artjoey.com

地區〈日光節約時間〉	與 GMT 時差	與台灣時差	與台灣時差
東部時區〈NY,FL〉	-5	-13	-12
中央時區〈IA,TX〉	-6	-14	-13
山區時間〈AB,CO〉	-7	-15	-14
太平洋時區〈CA,BC〉	-8	-16	-15
阿拉斯加時區	-9	-17	-16

GMT： Greenwich Mean Time 格林威治標準時間

州稅

　　在台灣消費，標價多少就表示要付多少錢，商品上的標價都是已經含稅的價格，但在美國則不一樣，每樣標價必須再加上當地的消費稅，才會是你應該支付的金額，每一州的消費稅都有所不同，若旅行中有拜訪超過兩個城市，比較一下各地的稅率吧！把戰利品、禮物這些不是特定地方才買的到的東西，留到稅率較低的地方再購買，也是可以省下一筆小錢喔！以下為我們所造訪的各州消費稅比較。

州	消費稅	免稅
Florida	7.5%	
California	9.75%	
New York City	8.875%	單筆消費 55 元以下的衣服類
New York	4%	
Nevada	8.1%	

所有稅率參考：en.wikipedia.org/wiki/Sales_taxes_in_the_United_States

匯率

　　新台幣兌換美元匯率約在為 1：28-30 左右，無論是在台灣要買美金，或者是打工回來後想以美金換新台幣，在兌換之前都可以先查詢一下當日匯率。

手機費率

　　無論是在美國打工，或者只是到美國旅行，通訊都是一件麻煩但又重要的事情。現代人都人手一機，要在路上找到公用電話，已經不是那麼的容易，所以在這邊建議大家使用手機及電話卡，而美國預付卡分成很多方案，甚至可以在台灣開卡，到美國直接使用，還可以用原本的中文手機，所以選擇適合自己的方案，讓整趟旅行都可以與友人或家人保持聯繫外，如果需要與住宿業者或餐廳聯絡也都更為方便，費率也較為優惠喔！以下為常見的方案。

計費方式	適用對象	連接費	撥接費率	簡訊
AT&T/Air voice 以分計費	少用手機，只用於緊急連絡	有使用時，每天 0.2 美元	美國 0.08-0.1/ 分鐘 台灣 1.40/ 分鐘	0.10 （均一價）
Redpocket 以分計費	短期遊客，需撥打國際電話	X	0.10-0.15/ 分鐘 （台灣一樣）	0.10 （均一價）
AT&T/Go-Phone $2/ 天	每日都需使用手機聯繫	X	無限暢打 台灣 0.89/ 分鐘	簡訊免費
Tmobile 以 30 日計費 $55	每日都需使用手機聯繫	X	30 天內有 1500 分鐘通話或簡訊	1500 分鐘可抵簡訊（限美國），每則簡訊 1 分鐘。 發送回台灣每則 $0.35，從帳號中扣。

相關資訊請上網查詢：aerobile.com/1tch/us/index.html

午餐時段約 10-15%

晚餐時段約 15-20%

住宿通常放 1 元美金在枕頭旁

開門、搬行李則通常給 1-3 塊不等

小費文化

在美國的服務業，給小費是基本的禮貌，許多服務生其實時薪都不高，小費變成了他們主要的收入來源，所以在美國消費除了另外加的稅，小費也是不可以忘記的環節，一般帳單上的金額都是未含服務費的金額，如果是以現金結帳，可以在給服務生帳單時把小費夾在裡面，或離開前放置在桌上，使用信用卡，通常下面會有一欄 Tip 讓你可以填入你想要給的金額，確認過帳號後簽名及可。

還記得我們在紐約吃飯，有一次以為小費是到櫃台結帳時一起給，就準備起身，服務人員馬上追過來說：「嘿！你們必須付小費！」當下除了嚇到外，也覺得有點不好意思，好像我們沒付錢就要走人一樣！要是付的小費讓服務生不滿意，你也可以見識到他們瞬間變臉的功力，所以說小費要怎麼給才算公道呢？其實不同時段、不同地點也是都有不同的標準。

1-5 出國必備物品

重要文件

護照；簽證及住宿資訊，少了這些，可能連國門都踏不出去，記得備份與正本分開放，還要留一份給台灣親友，已備不時之需。

從頭到腳的服飾用品

除非你到美國不打算購物，不然只需要準備 3-5 天的裝備，其他到當地再買即可。有些人會選擇拋棄式紙內褲，除了行李可以有多一些空間，也可以避免內褲曬不乾的風險。另外一雙好走的鞋子及拖鞋，也是非常重要的。

防曬用品

PA^{+++} 防曬 "黑" 的防曬乳，美國的高係數都只防曬傷。太陽眼鏡、外套及帽子也是不可或缺。

盥洗用具

事先打聽好，住的地方有沒有提供，其實美國超市也有許多品牌可以選購，不想太重的話，也可以在當地買。最重要的是「牙刷」，除了飛機上可以使用，一般美國住宿都不會提供私人用品。請特別注意吹風機及毛巾，住宿的地方有沒有提供，這兩樣東西，又佔空間又重，若有同行的朋友，可以先分配好，在美國共用就好。

私人用品

　　化妝用品、棉花棒、保養品、指甲剪、備用隱形眼鏡，還有女孩必備的衛生棉，美國當然也有賣，只是美國女孩習慣用棉條，衛生棉品質也沒有台灣好。另外，若想在美國配隱形眼鏡，是需要處方籤的，所以還是多準備一份，省得麻煩喔。

個人藥物

　　暈車藥、過敏藥、感冒藥、酸痛藥膏……視個人狀況而定。

手機、相機、電腦

　　充電器、讀卡機、記憶卡……這些週邊也不要忘記，美國電壓跟台灣一樣為110V，不需要另外的轉接頭。美國需要使用「3 頻手機」（不是 3G 喔），出國前要確認自己的手機，在那邊到底可不可以使用喔。

台灣紀念品、明信片

　　送給外國朋友，非常有意義。（純屬個人喜好……）

1-6 實用網站介紹

Tripadvisor

全球最大的旅遊網站，Ivy 很喜歡這個網站，每次找旅館或餐廳都會使用它，它不僅有中文介面方便瀏覽，還有房客或是用餐客人的分享，透過評論來了解這間旅館或是餐廳的品質。此外可以直接查出多間訂房網的價格，省去比價時間。有智慧型手機可以下載他們的 APP 歐！

網址：www.tripadvisor.com.tw

Priceline

在這個網站運氣好的話，你可以花很便宜的價錢，標到大飯店的住宿！（請參考「競標來的房間，真的好便宜」此章節。）你可以選擇飯店星級、區域，開始出價，一旦你出的價格有飯店願意接受，那你就得付錢，沒有辦法取消，所以你也有可能標到評價不好的飯店。此外如果原本設定的條件沒有標到，你只能更改區域或是星級，等到隔天，才可以繼續競標。

除了飯店以外還可以買機票！當然要有信用卡才可以使用歐。在網路搜尋「Priceline 訣竅 教學」關鍵字，就可以找到操作方法。

網址：www.priceline.com

Yelp

賈伯斯曾說：「當人們想找個地方吃飯時，他們不用搜尋引擎，他們會上 Yelp。」是的連賈伯斯都掛保證的，你就知道這網站多棒了，在美國想吃美食的千萬別錯過它！有智慧型手機同樣可以下載 APP。只要簡單輸入想吃的東西以及位置，馬上就有排名了！

網址：www.yelp.com

Greyhound

在美國若要去相鄰較近的城市，可以考慮搭灰狗巴士，例如拉斯維加斯、洛杉磯、舊金山這三個城市，或是奧蘭多與邁阿密。我們曾經搭過邁阿密到奧蘭多（35 美金）以及拉斯維加斯到洛杉磯（39 美金）。

網址：www.greyhound.com

Expedia / Hotels.com

這兩個網站都有與 tripadvisor 合作，美國友人告訴我 Expedia 很便宜。不過透過訂房網訂房會被收取一點服務費。

網址：www.expedia.com

網址：www.hotels.com

城市旅遊資訊

　　每到一個新的城市，一定要先到旅客中心拿資料，但其實在抵達之前，早就得先上網查資料做功課。下面幾個網站都有詳細的景點介紹，以及飯店搜尋……等等。有些還有優惠資訊。

邁阿密：www.miamiandbeaches.com

奧蘭多：www.visitorlando.com

紐約：travel.nytimes.com / www.newyorkology.com / www.iwoogo.com

拉斯維加斯：www.vegas.com

洛杉磯：www.discoverlosangeles.com / www.chineseinla.com

舊金山：www.sanfrancisco.travel

貳 · Work and Travel

2-1 What's WAT ?

暑假工讀旅遊計畫 Work & Travel

　　暑假美國工讀旅遊計畫（Work And Travel USA），為美國國務院主辦的交換賓客計畫之一，計畫目的為提供世界各國 18 歲以上，大專院校在學學生可以利用暑假，深入認識美國文化，真實體驗當地生活與文化交流。一方面熟練英文口語能力，進而培養學生獨立自主的精神，學生可以在工時與最低薪資，都受到法律保護的情況下到美國打工，工作所得可以支付開銷並且完成旅行，以最少的花費停留更長的時間，達到美國政府文化教育交流的目的。

　　美國每年的 6 月到 9 月因為暑假的到來，不論是遊樂園、渡假村或是餐飲業都需要大量的季節性員工，剛好可以讓世界各地的學生，藉此體驗美國在地生活，雖然只有 2-4 個月的時間，但可以有機會在英文環境下工作，認識來自世界各地的人，還有 1 個月的美國境內旅遊，真的是一個很棒的機會。

因為工作地點不同，淡旺季也會有所分別，所以實際工作時數或薪水都會有所不同。像我們的工作一開始只週休一天，但後來到淡季，有些工作甚至一星期只有一天班，所以一開始就要努力爭取排班，別放過可以賺錢的時間，到淡季時再計畫出遊。因為是算小費的，薪水也因淡旺季有差別，旺季時一小時加班費可以拿到 11 塊，到淡季一小時就只有 7 塊多，時數又少，薪水自然差別很大。

美國打工資訊：

◎ 平均每週工作時數約 20-40 個小時。

◎ 平均時薪為 6-10 塊美金，一週工作要是超過 40 小時，薪資以 1.5 倍計算。(有關超時薪資每州法不一)

◎ 工作期約 6 月至 9 月，約 8 到 12 週。

繁瑣的申請手續

每年美國政府提供台灣學生打工遊學打工遊學名額有限，要想取得資格，除了要有合法工作文件 DS-2019、J-1 交換訪客簽證和美國政府認可工作單位，再來就是美國政府對外擔保機構（sponsor），代辦機構除了要核發在美合法工作文件 DS-2019、協助取得 J-1 交換訪客簽證，還有舉辦行前講座，確保學員真正了解這個計畫，與雇主簽約確保薪資及工時都受到保障，所以想不靠代辦機構，自己實行這個計畫是行不通的。

台灣約有十多家代辦機構，每個代辦在美國合作的雇主也就有所不同，但工作性質大多為便利超商店員、速食店收營員、遊樂園工作人員、觀光飯店客房清潔員、餐廳廚師助手…等，而這個計畫的目的是文化教育交流，在參加之前，你不會知道你會去哪州，做什麼工作，但如果有特別想去的機構或地點，也可以查看代辦機構歷年合作雇主資料。不過這是雙方面的選擇，不單是你選擇雇主，雇主當然也有選擇你的權利。代辦無法擔保你可以得到怎樣的工作，所以與其一開始設限太多，倒不如隨遇而安，也都可以有很棒的回憶。

要特別注意的是，代辦機構也負責赴美期間醫療險及旅遊平安險，而每間代辦機構保險的時間不一，內容也都會有些微差異，像是有些保險只到工作結束即停保，有些則是保到旅遊結束離開美國，這些都要事先詢問清楚，以免損失自身權益。選擇一個優秀的代辦機構，會讓整個計畫在實行時輕鬆且安心許多，所以下決定前多比較、多看有經驗的人分享的心得，貨比三家絕對不吃虧。

CIEE Taiwan

　　國際教育交流協會 CIEE（Council on International Educational Exchange），於 1947 年成立，為一非營利的民間組織，致力於促進文化交流、提供海外求學與青年旅遊機會，藉以幫助人們在此全球文化中，增進瞭解、獲得知識、並發展技能。

　　在這次計畫，Amber 和 Ivy 是選擇 CIEE 為我們的代辦機構，一路上從計畫的介紹、行前講座、該如何準備申請簽證…等都非常專業，不斷以 E-mail 通知現在該進行的步驟，在雇主選擇上也有蠻多可以選的，而且在美國的 CIEE 總部也相當專業，尼加拉瀑布特派員 Ivan 的護照不見，CIEE 都很積極幫忙想辦法，到回國後也有問卷調查，藉此知道學員們整體的心得及感想，是家非常專業的代辦機構。

地址：10647 台北市羅斯福路三段 335 號 11 樓
電話：02-23640228
傳真：02-23629755
網址：www.cieetaiwan.org.tw
E-mail：info@cieetaiwan.org.tw

YMCA

　　YMCA（Young Men's Christian Association）基督教青年會，西元 1844 年創立於英國倫敦，而後再逐漸擴展至全世界各地。一百五十多年來，YMCA 一直本著基督服務的精神，透過教育、文化、技藝、體育、露營、社團服務等有關事工的推行，培養青少年德、智、體、群、美之均衡發展；同時透過世界各地青年的交流活動，擴展國際友誼的領域。

地址：10490 台北市長安東路二段 171 號 11 樓之 1
電話：02-2721-8263
傳真：02-2721-7475
E-mail：twnymca@ms69.hinet.net

飛達海外教育中心 Youth Travel

　　飛達海外教育中心為美國 Disney ICP 在台辦事處，所以要是想在佛羅里達 Disney World 內旗下之四座主題公園、二座水上樂園及十五家旅館，皆有可能安排工作（不可指定）。

地址：106 台北市大安區光復南路 102 號 7 樓

電話：02-8771-5599

傳真：02-8771-4847

網址：www.youthtravel.com.tw

E-Mail：fifa@gofederal.com.tw

菁展國際文化交流有限公司（Marigold International Cultural Exchange）

地址：105 台北市松山區南京東路五段 15 號 11 樓

電話：02- 2528-3670

傳真：02- 2528-1231

網址：www.marigold.tw/

E-mail：wt@marigold.tw

　　語言測驗是計畫規定，非英語系國家均須通過測驗，不同代辦機構會以不同方式測驗，測驗的目的，是確定學員能夠在美國獨立生活。

　　有些代辦機構會依語言測驗結果，讓不同程度的學員選擇不同性質的工作，有些則是通過就可以選擇任何工作，但是在工作介紹時，會註明此工作所需的英文程度。像客房服務人員這種比較不需要跟顧客直接溝通的工作，只需要基本的英文程度即可。而像是顧客服務需要直接與顧客對話的工作，就需要中上程度的英文能力，迪士尼對於英文就有比較嚴格的規定，所以在語言測驗時及面對雇主時的表現都很重要，要得到想要的工作，就必須表現出最好的一面。

　　Amber 的英文程度其實只能應付很基本的對話，但在語言測驗時，因為每個問題都回答的很詳細，最後竟然得到中級（他只是問我家有幾個人，我都連全家的行業都告訴他了）。在雇主面試的時候，有經驗的學員千叮嚀萬交代，一定要保持笑容，Amber 跟 Ivy 從頭到尾都笑得很燦爛，讓雇主覺得我們是很積極的想要這份工作，而同一批面試的學員中，有人因為太緊張，回答時聲音都在發抖，因此沒能得到工作機會。面試時切記要展現自信，並有良好的態度。

小叮嚀

◎ 不要一看到外國人，就一句話也説不出口。面帶微笑也是基本禮貌。回答問題時，
千萬不要只是 YES or NO，要詳細的回答！

◎ 無論是語言測驗或是雇主面試，都算是正式的場合，所以不要穿得太過隨便，但
也不用穿上小禮服、西裝那麼正式。

◎ 要表現的積極、誠懇，讓雇主知道你真的很想要這個機會。有一個朋友在面試時，
對面試官説：「去美國是他從小的夢想。」那位面試主管對他印象很深刻，後來
當然是順利通過囉！因為面試主管覺得簽一份文件，竟然就可以幫人達成夢想，
那他非常樂意。

◎ 一段自我介紹，可以讓你的雇主快速的知道你是一個怎樣的人。興趣、休閒娛樂、
未來規劃都是很常見的問題。

◎ 為什麼想參與這次計畫，曾經有的工作經驗，在工作上遇到事情時該如何處理，
這些都能讓雇主及面試人員更了解你，也可以大概知道你的工作態度。

◎ 想去哪個城市、曾經去旅行過的國家，也可以説説這次旅行的計畫，會讓雇主覺
得你是個有計畫行事的人。

◎ 多看看網路上的經驗分享，然後想一下自己的答案，除了有心理準備外，在聽到
問題時，也可以快速聽到 key word，比較知道該如何回答。

Amber 小提醒

Amber 在參加語言測驗時，一開始還沒習慣英文會話的速度，一個問題大概都要重複
個兩三遍才能回答，但我的面試官也非常有耐心，甚至會換一個用法問我，讓我比較
容易了解。

Ivy 則是有些問題都回答的太精簡，不知道是不是因為這樣，最後還被要求念了一段
文章。所幸後來都安全通過測驗。而與雇主面試時，有一大段關於工作內容的，其實
我們都聽不太懂，但還是依然保持燦爛笑容，認真回答雇主所提出的問題。所以拿出
最好的態度與積極的心態，只要敢開口説英文，相信就可以得到在美國工作的機會。

2-2 哈囉，美國！

回報 SEVIS（The Student and Exchange Visitor Information System）

　　安全抵達美國之後，可別忘記有一件很重要的事，向美國移民局回報你到美國了，如果你不準時通報，會影響社會安全卡的申請，甚至有可能會取消你的計畫。所以準時回報，是抵達美國的首要之務喔！通報方式有電話、傳真、郵寄、線上填表……等。

網址：**www.mysevis.com**

社會安全卡 Social Security Card（SSC）

　　上面有提到社會安全卡，是什麼呢？這張卡就像台灣的身分證。有了SSC 才能領取工資及申請退稅，以後如果到美國留學也是用一樣的，所以這張要好好保留，號碼也要記下來。

　　要怎麼申請呢？通報 SEVIS 大約兩週之後，就可以到最近的社會安全局去申請（太快去的話社會局也沒有你的資料），請詢問你的雇主，是統一帶大家前往辦理還是自行前往。可上網輸入「ZIP CODE」，查詢最近的社會安全局位置。

網址：**secure.ssa.gov/apps6z/FOLO/fo001.jsp**

申請所需

1. 護照
2. DS-2019
3. I-94
4. 父母英譯姓名

退稅

　　上面提到有了 SSC 就可以申請退稅，沒錯在美國工作結束後，回到台灣都可以申請退稅歐！大約在 2 月中，就會收到雇主寄來的扣繳憑單（W-2 文件），上面會有你的薪資所得、聯邦政府所得稅（Federal Income Tax）、州政府所得稅（State Income Tax），你可以選擇自己填寫退稅文件，或是透過退稅公司幫忙（會收取一些手續費）。

　　自己退稅並不困難，且網路上有不少退稅分享教學歐！上美國國稅局（IRS：Internal Revenue Service）網站下載「1040NR-EZ 文件」與說明書（每年表格會有所更動）。填寫完成後約每年 4/15 以前，寄至「Department of the Treasury　Internal Revenue Service Kansas City, MO 64999-0014」（　詳細資訊請上 IRS 網站查詢。）快的話 6、7 月就可以收到支票了！

　　如果你遲遲等不到 W-2 文件，只要有最後一張薪資證明，或是直接詢問雇主所得與被扣的稅，也可以填寫表格。

網址：www.irs.gov/

開戶

在美國開戶很簡單，Ivy 跟 Amber 的雇主，所配合的銀行是 Bank of America，算是美國大銀行之一，不管是在東岸紐約還是西岸 LA，都很常看到 ATM 提款機，尤其是紐約大概每走 10 分鐘就看到一間，不用被扣跨行提領的手續費（聽行員說跨行需要 6 塊美金），實在很方便。開戶時要提醒行員，開通直接將薪資轉入帳戶的功能歐！在工作結束之後，記得要關掉戶頭，不然許多銀行會收取費用，這樣會影響你的在美國的信用記錄。

在美國開戶會有一張 debit card，就跟台灣的 visa 金融卡很像，有多少刷多少。在美國刷卡很普遍，而刷 debit card 每次都需要輸入密碼，如果是當信用卡使用的話，許多店家會要求看有照片的證件來核對身分。旅行支票也是另一種方式，旅支遺失的話可以憑號碼掛失。不過我們還是覺得 debit card 比較方便，搭配網路銀行，可以輕鬆掌握每一筆消費的金額。

開戶必帶

1. 簽證、護照、重要文件……等

2. 社會安全卡（依銀行有不同要求）

3. 美國地址

4. 英譯台灣地址

5. 現金（去之前記得詢問至少要存多少，當時我們被要求至少 50 美元）

Ivy 小提醒

開戶時，記得詢問行員存款低於多少需要收取信託管理費。如 US BANK 存入金額低於 800 元美金，就會收取費用歐！

2-3 聽故事時間

　　WAT 計畫的工作地點分布在全美各地，從地點、工作性質、薪資……等，都會有所不同，當然也有各自的體驗，我們邀請了一些，在美國有打工旅遊經驗的朋友來分享一些訊息，無論是從事什麼工作，大家都擁有了許多美好的回憶。

Hawks Cay Resor

分享人	Amber / Ivy
代辦機構	CIEE
工作地點	Duck key ,FL
工作機構	Hawks Cay Resor
工作性質	餐廳廚師助理
時間	2011 06-09
工作內容	送餐、擺盤、協助廚師出餐
薪水	時薪 5.75 美元 + 小費 約 7-10 美元 / 小時
租金	80/ 週，包含三餐跟住宿
員工福利	跟海豚游泳、滑獨木舟、搭船看夕陽
必帶物品	防曬、太陽眼鏡、泳衣、防蚊液

　　我們工作的地點，在美國最南端小島上的美麗渡假村，天氣很熱、太陽很曬，除此之外一切都很好！八月過後進入淡季，班會越來越少，但平均下來還是可以賺 9-12 萬！

　　在這邊工作，主管跟同事人都很好，還可以認識很多來自不同地方的人，雖然還是會有懶惰的同事，但大部分都很友善。可能因為在小島上，沒有太多晚上的行程，大家都非常熱衷於 party，無論是在家或者是去酒吧，幾乎天天都有人找各種名義在辦活動，我們到的第一天，就被找去參加生日 party，之後甚至舉辦過火鍋趴，邀請外國人來吃麻辣鍋跟泰式酸辣鍋，有些人很喜歡，但有些人完全無法接受，那些湯湯水水的食物。在這裡，可能是因為小島生活太單調，好多人都很早就生小孩，像我們餐廳的廚師才 23 歲，就已經是孩子的爸了，他還問我們為何不結婚、不生小孩，真的是很奇妙。

因為是海邊渡假村，當然提供了許多設施，讓來到這的房客，可以整天都待在這裡，而不會覺得無聊。無論是搭船出海去看夕陽，或者與海豚游泳，而身為員工的我們，竟然也都享有使用這些設施的福利！能跟海豚近距離接觸，真的是很棒的體驗，游泳池、水上活動，更成了我們空班時最好的娛樂。

能在 Hawks Cay 工作，真的是很棒的回憶，很可惜 Hawks Cay 目前沒有繼續與台灣合作，不然那是一個相當值得去打工旅遊的地方。三個半月的工作雖然結束了，但那美好的回憶卻會是一輩子的，如果你現在還是學生，也嚮往著美國生活，可千萬不要錯過這樣的機會。

Cedar Point Amusement Park

分享人	Steven
代辦機構	CIEE
工作地點	Sandusky ,Ohio State
工作機構	Cedar Point Amusement Park
工作性質	救生員
時間	2011 06-09
工作內容	巡視各種水上遊樂設施 EX：滑水道、漂漂河、人造浪池
薪水	時薪 7.4 美元＋客人掉落的銅板小費
租金	20-35 美元 / 週，不包吃
員工福利	可以在任何園區開放的時間進入玩遊樂設施，還有很多員工活動 EX：員工舞會、員工出遊
必帶物品	太陽眼鏡、防曬乳

在 CP 擔任救生員，需要通過救生員訓練考試，他們會安排三天時間參加訓練考試，大概有下列幾項要求：

1. 可以連續游泳兩百公尺，不限制游泳式別，總之不能中途停下休息。

2. 訓練如何正確跳水及在不同情況之下，正確使用救生浮板。例如溺水者若是掙扎，你可以從背後用浮板將他拉起，或是從正面使用浮板往他胸部推並繼續前進，這樣才不會被他掙扎的動作攻擊到。

3. 對假人及真人練習做 CPR 及練習標準流程動作，像是接觸對方之前必須要先戴上防護手套，以免造成體液的傳染。

CP 的水上樂園分為四區，分別是東區、西區、浪區以及海灘區，當你完成救生員考試之後，就會被分發到不同的區域。我被分發到浪區，這區的遊樂設施有人造浪池、漂漂河、闖關區和幾個滑水道。闖關區常常有很好笑的事情發生，像某一次有個小孩因為手太短，勾不到下一個浮板，但又不敢跳過去，只能站在原地僵持了很久，導致後面的遊客大塞車。當下我只能吹哨跟他說：「You have to jump！」誰知道他竟然就哭了，重點是他的父母還在岸上大笑。

這裡的員工有什麼福利呢！那就是免費的雲霄飛車之旅，這裡的雲霄飛車可不是泛泛之輩，它有上過電視的、曾經破世界紀錄的，每一個都十分刺激。如果你不想在園區遊玩，也可以去逛 mall 或去 Walmart 買食物，CP 有提供免費接駁車。要是晚上想要去 club 玩，這附近也有，可以跟同事一起去玩。另外，CP 在九月中之後為了因應萬聖節，會推出很多鬼屋和妖魔鬼怪的遊行，也是一個很特別的體驗。

至於我的同事們，大部分是來自美國及歐洲，他們的思想觀念都比較開放，我一開始總被他們稱為「shy Asian」，慢慢的從相處過程中，我才逐漸比較放的開自己。還記得當時，我們有一位女同事因為學校開學較早，必須比我們先離職，在離別時，我大大的擁抱了她兩次，終於擺脫了「害羞男孩」的封號。

Yellow Stone

分享人	Judy
代辦機構	CIEE
工作地點	Yellowstone, WY
工作機構	Yellowstone
工作性質	Housekeeper
時間	2009,06-09
工作內容	打掃房間
薪水	時薪 7.25 美元 + 小費
租金	14 美元 / 週，包含三餐跟住宿
員工福利	免費搭遊園車以及飽覽猶如人間仙境的大自然
必帶物品	防曬、羽絨外套

用「人間仙境」來形容黃石公園，真是一點都不為過。全世界第一座國家公園，對於誤打誤撞來到這的我，真的是像上了天堂一樣（但工作時就是下了地獄……）。

我跟著三位台灣人，一起被分配到了一個，連遊園車經過都不會停下來的小區域（rossevelt）……而且在晚上接近零下的公園裡，我們得自已升火來取暖。我們住的地方都是小木屋，晚上被冷醒是家常便飯的事，這也讓我在三個月裡練就了快速升火的技巧。但這不起眼的地方，卻還是讓我們四位台灣人，在短短的三個月內愛上了它。

　　老實說，一開始，我們對這區真的是抱怨連連，不喜歡這不喜歡那的，房間沒暖氣，洗澡得跑到外面去。又小、又冷、又常有熊出沒，晚上出門都要小心翼翼，很怕走在路上轉角遇到「熊」。想要去別區參觀，但因為沒有遊園車會經過這裡，所以不是搭朋友的車，就是我們自已攔車。但久而久之，卻越來越喜歡這塊小地方，我們的小木屋被森林包圍著，像是過著與世隔絕的生活，遠離手機、電腦以及所有的 3C 產品（因為這區沒有訊號……），有著一種反璞歸真的感覺，真的很棒。

　　三個月下來，我對黃石產生了一種莫名的情感，最後是以萬般不捨的心情，離開了這世外桃源。如果有機會讓我重選一次的話，我依然會選擇這個荒煙蔓草，卻徹底感受大自然洗禮的 Rossevelt。

Estes Park

分享人	Bobo
代辦機構	YMCA
工作地點	Estes Park,CO
工作機構	YMCA Of the Rockies
工作性質	餐廳員工
時間	2011 06-09
工作內容	換菜、補菜、擺盤、洗碗盤、清潔
薪水	時薪 4.5 美元 / 小時
租金	供吃住
員工福利	三天免費住渡假屋
必帶物品	乳液、洋蔥式穿著

　　能在美麗又壯觀的艾斯特斯公園，渡過美好的三個半月，實在是一件很開心的事。每天一早印入眼簾的景色，就像是掛在牆上的畫作一樣，令人嘆為觀止。我來這裡的目的，不是為了賺錢，也不是為了要把英文學好，而是在增加自己的人生經歷，讓自己的眼界更開拓，去體會一些，在自己國家無法體會的人事物。

　　打工旅遊真的是一個很棒的生活經驗，可以很融入當地國家的文化，每一個過程都是那麼的深刻。我永遠也忘不了，躺在石椅上，看著數不完的流星；在國際晚餐時間，吃著來自世界各地的食物；下班後的國際排球、籃球 PK 賽；與各國的工作夥伴們雞同鴨講、比手畫腳……等，對我而言，這大概是人生中最美好的日子吧！

參・陽光、沙灘、比基尼
——邁阿密

　　邁阿密總讓人聯想到陽光、沙灘、比基尼！沒錯，在這著名濱海旅遊城市，受到眾多古巴人口和地理位置影響，邁阿密有著其他城市所沒有的拉丁風情。街上到處都是美麗的椰子樹，終年氣候溫暖，是非常令人感到愜意的一個城市，更是許多美國人的避寒勝地！另外，除了美麗的沙灘之外，這裡「天際線」也是名列美國排行景點的喔！

　　其實在 1980 年代，邁阿密是美國最大的古柯鹼轉運港，這些毒品來自哥倫比亞、玻利維亞和秘魯。邁阿密的地理位置是離古巴原產地最近的美國港口，自然成了走私犯最為理想的目的地。《邁阿密風雲》（Miami Vice）這部影集講述了邁阿密反毒品機構的工作，隨著影集的高收視率，這座美國最迷人的熱帶城市景色因此廣為流傳，吸引了不少的旅客前來，慢慢促使旅遊業發展蓬勃。

　　除了《邁阿密風雲》，這裡還是許多電影或其他影集的主要場景，例如：《犯罪現場：邁阿密 CSI》、《玩命關頭 2：飆風再起（2 Fast 2 Furious）》、《邁阿密刺青客（Miami Ink）》……等。

School Board
Adrienne Arsht Center
Eleventh Street
Park West
Freedom Tower
★ MDC Freedom Tower
★ BAYSIDE
College North
Wilkie D. Ferguson, Jr.
College/Bayside
Government Center
First Street
Miami Avenue
Knight Center
Bayfront Park
Third Street
Riverwalk
Fifth Street
Eighth Street
Tenth Street Promenade
Brickell
Financial District

Metromover 路線圖

3-1 實用交通小地圖

　　在邁阿密旅遊真的很方便，有 Metrobus（公車）、Metrorail（捷運）、Metromover（輕軌），其中 Metromover 不用錢，類似台北捷運文湖線，屬高架的捷運，在市中心一帶，與 Metrorail 相接可互相換車。Metrorail、Metromover 的營運時間為早上 5 點至晚上 12 點。Metrobus 的時間則依每班車而不同，詳細交通資訊可至 www.miamidade.gov 查詢。

Ivy 小提醒

到邁阿密經常搭公車或捷運的話，可以考慮買張 EASY
CARD 或 EASY TICKET。機場的 Central Terminal E ground
level（arrivals）以及各捷運站都買得到。EASY CARD 就
像台灣的悠遊卡，一張 7 元，含單日無限搭乘 5 元，可儲
值。EASY TICKET 則是一日票 5 元，另有七日票 26 元。
Metrobus、Metrorail 單程都是 2 元。如果一天搭乘三次交通
工具，那買一張 EASY TICKET 就回本了！千萬別浪費了！

大家都要買張 easy card! 如
果是要儲值把卡片放在圓
圈處點選儲值即可。

metrorail 車廂還有免費 wifi! 快點拿出
智慧型手機打個卡吧！

3-2 住這裡，過個馬路就是海邊

Starlite Hotel

　　我們選擇住在海洋大街（Ocean Drive），只要過個馬路就到海邊，真的是超近的，入住海邊對面的旅館四人房只要 90 美元，好便宜歐！我們透過 hotels.com 訂房，比官網價格 180 美元差了一半！這裡位置超好，樓下有一排餐廳，好吃的早午餐 New's Cafe 也在轉角，如此得天獨厚的位置又佛心的價格，大推給讀者！

　　這間家族經營的旅館看得出來有點年紀了，但房間還算整潔，牆上的南灘照片都好美，房間內小冰箱、微波爐都有。樓下還有小吧台呢！加上 Starlite 這個名字好美，Ivy 給它三顆星！

網址：www.starlitehotel.com

地址：750 Ocean Drive Miami Beach, FL33139

電話：305-534-2161

時間：2pm check in；11am check out

花費：約 22.5 美元

交通：公車 103 Route C → Washington Av 8St
　　　123 South Beach Local → Washington Av 8St
　　　（步行至 Ocean Dr. 5-10 分鐘即可抵達。）

青春洋溢的少男少女

海洋大街的街景照片

3-3 沒來過，
  別說你來過 Miami

南灘 SOUTH BEACH

　　南灘是邁阿密 NO1. 的旅遊景點，也是邁阿密眾多海灘中最出名的一個，能在這片白色沙灘上戲水、曬太陽，無疑是一大享受。除了陽光沙灘外，南灘最引以為傲的是，擁有「世界上規模最大的裝飾藝術建築群」─浪漫藝術街。包括住宅、飯店、商店等 400 多座建築物，也因此成為美國人最愛度假勝地之一，尤其到了冬天，更是許多美國人心中最佳的避寒勝地。

　　我們到邁阿密的那天，天空不做美的，下了一場大雨，好在隔天一早陽光普照，我們當然是二話不說的衝往海邊，玩起了青春熱血的沙灘躲避球。一望無際的海岸線，藍天綠海，還有造型特殊的救生屋，南灘海邊真的好美，絕對是許多人來邁阿密最難忘的地方。

　　邁阿密的海洋大街，就像是台灣的墾丁大街一般，飯店、旅館林立，還有各式露天餐廳與特色小店，無論白天晚上，街上總是有許多人潮，餐廳服務生各個都盡力在招攬生意，許多餐廳在午餐時段甚至有對折的優惠，晚上更是充滿各式表演，十分熱鬧。餐廳裡各時段都有遊客光顧，大口的吃著海鮮，喝著比碗還大的調酒，美國人真的好會享受生活，我們原本也打算有樣學樣，但在看到價錢後，還是決定吃吃東西，喝著餐廳招待的小酒，平民式的享受著海邊的悠閒氛圍。

網址：www.visitsouthbeachonline.com

交通：公車 150 Airport Flyer（機場線）→ Washington Ave 5 St.-14 St.

　　　103 Route C → Washington Ave 5 St.-14 St.

　　　120 Beach MAX → Washington Ave 5 St.-14 St.

　　　123 South Beach Local → Washington Ave 5 St.-14 St.

　　　（皆可搭乘，步行至 Ocean Dr. 只需 5-10 分鐘，即可抵達。）

海灘上各種不同造型的救生屋

自由之塔 MDC Freedom Tower Gallery

　　1925 年建造的 Freedom Towel，是西班牙式風格建築，一開始為邁阿密日報所擁有的大樓，後來作為古巴難民緊急中心，除了古巴移民的自由象徵外，也代表著數以萬計的美國夢。在 2005 年後則作為博物館使用，現今的自由之塔除了收藏了許多壁畫外，也不定期舉辦許多的展覽。我們去的時候，剛好是蒙娜麗莎特展，又是免費參觀，我們怎麼能錯過這個好機會。

　　整棟建築的裝潢十分精緻，彷彿置身於歐洲的錯覺，蒙娜麗莎特展也很有趣，許多圖都是互動式的，大家都照相照的不亦樂乎。這個景點本來不在我們的行程內，只因為忽然看到一棟很歐式的建築，又剛好有展覽，算是邁阿密之旅的意外發現。

地址：600 Biscayne Boulevard Miami, FL 33132

電話：305-577-8544

交通：公車 243 Seaport Connection → NE 6 St Biscayne Blvd

　　　　95 Golden Glades → Biscayne Bd NE 6 St

　　　Metrorail → Freedom Tower

杯賽碼頭商場 BAYSIDE Marketplace

　　Bayside Marketplace 是邁阿密碼頭旁的一處繁華商場，販賣許多邁阿密特色商品及紀念品，還有各式各樣的「我愛邁阿密」系列及明信片，只是跟其他城市比起來，邁阿密的明信片實在是有點貴，有些甚至要兩塊錢一張。為了當個稱職的觀光客，我們還在這裡買了「I ♡ Miami」的 T-Shirt。

　　碼頭旁有許多豪華郵輪及私人遊艇停靠，有興趣的甚至可以搭船參觀名人的家，還可以看到全美前三名的邁阿密天際線呢！晚上的 Bayside 夜景更是被許多人所稱讚，但這次邁阿密行程實在太過緊湊，沒有時間待到晚上去搭船，不免感到有些可惜。

網址：www.baysidemarketplace.com

地址：401 Biscayne Blvd. Miami, FL 33132

電話：305-577-3344

時間：Mon -Thu 10am - 10pm；Fri- Sat 10am - 11pm；
　　　Sun 11am - 9pm

交通：公車 3 → Biscayne Bd NE 4 St
　　　　　93 Biscayne MAX → Biscayne Bd NE 4 St
　　　　　95 Golden Glades → Biscayne Bd NE 4 St
　　　　　103 Route C → Biscayne Bd NE 4 St
　　　　　119 Route S → Biscayne Bd NE 4 St
　　　　Metrorail → College/Bayside

Amber 小提醒

　　若想參觀邁阿密市區周圍的小島，可以參加每小時都會出發的 Island Queen，船上會有英文及西班牙文解說，介紹小島上的名人豪宅，全程約 1.5 個小時，一趟 25 元美金，門口簡介裡有 3 元折價卷，所以報名前要記得索取簡介！

3-4 必訪勝地— Florida Keys

　　邁阿密南端的佛羅里達群島，是由約五十座大大小小的島所組成，以一號公路所經的跨海大橋把他們連結在一起，其中最有名的為最南端的小島—西礁島。

　　北從緬因州，一路沿著西大西洋，經過 42 座相連的跨海大橋，就會到達這離古巴哈瓦那只有 151 公里的西礁島，全長達三千公里，是美國南北向最長的公路，有著「世界上最美的跨海公路」的稱號。Amber 跟 Ivy 打工的度假村就位在一號公路上，在門口常常可以看到許多人停下車來，為了在一號公路看日落，沿途的海岸風景，在黃昏時就像是一幅畫，讓我們常常都覺得天空美得沒有真實感。

　　因為是一號公路的起點及終點，在 Key West 上你可以找到 Mile 0 Begin 及 End 的標誌。路上也隨處可見 Mile 0 的紀念商品，所以來到 Key West，不妨尋找看看這特殊的路牌，當然不要忘記公路沿途的美好風光。

一號公路 - 世界上最美的跨海公路

HAWKS CAY RESORT

　　位在一號公路上的老鷹度假村，是 Amber 和 Ivy 在美國打工三個半月的地方，擁有飯店式跟 villa 式的房型，是個很適合一家大小度假的地方。除了位在小島上，擁有優美的景色外，還有 Alma、Tom's Harbor House、Beach Grill、Terrace 和 Indies Grill 五間餐廳及酒吧，其中 Tom's Harbor House 也提供一般遊客用餐，不限定非住宿者，它以邁阿密的特色海鮮最為特別。另外度假村裡還有浮潛、釣魚、水上運動、與海豚共舞……等活動，讓你可以一整天都待在度假村裡，想要徹底放鬆的遊客，不彷選擇來這裡，相信會有一趟美好的回憶。

網址：www.HawksCay.com

地址：61 Hawks Cay Boulevard, Duck Key, FL 33050

電話：305-743-7000

交通：灰狗巴士→ MARATHON （E），FL 站（約 3 小時）

　　　再轉搭公車 → HAWKS CAY（約 15 分鐘）

若搭公車，記得自己跟司機說要在哪裡下車，因為那裡沒有站牌，建議自行開車前往。

KEY WEST

　　Key West 西礁島，美國佛羅里達洲最南端的小島，有「天涯海島」之稱，面積約為 4 平方英里，開車繞整座小島不用 30 分鐘就逛完了。它擁有許多知名的地標，一年四季都有慕名而來的遊客，成為邁阿密的熱門景點。

　　歷史上的西礁島，曾經短暫宣布成為獨立國家，原因是不滿美國政府，實施邊界管制，當地居民進出佛羅里達，需要出示身分證明，感覺好像不被當成美國人一樣。居民們多次向聯邦政府抗議不成後，憤而宣告獨立，在 1982 年 4 月 23 號成立海螺共和國（The Conch Republic），甚至還得到加勒比海地區十三國及德國、瑞典……等國接受，發行獨立護照，而當地居民也以身為海螺共和國，和美國雙重國籍身分為榮。這段歷史成了西礁島人民所津津樂道的一段往事，每年四月都會因此舉辦一系列建國週年的活動。

　　Key West 為熱帶珊瑚島，一號公路藉由宏偉的跨海大橋，把群島與美國本土串連起來，其中跨海大橋被譽為「世界第八大奇觀」。除此之外，因位在佛羅里達海灣，加勒比海豪華郵輪都會以此為停靠站，美國大文豪海明威的故居，及前美國總統杜魯門的私邸都是島上知名景點，深受觀光客喜愛，每年都吸引世界各地的觀光客到此旅行，也是到邁阿密旅行，一定要拜訪的行程。

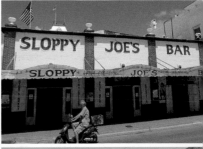

Key West 實用交通小地圖

在邁阿密最南端的 Key West，從邁阿密市中心過去開車大概約 4-5 個小時，雖然在同一個城市，卻是台北到高雄的距離，大部分去 Key West 的遊客，都選擇自行開車前往，那是最方便的方式，如果沒有辦法自行開車，那灰狗巴士或許是最佳的選擇。

灰狗巴士：從邁阿密到 Key West 的巴士，一天約兩班，一個人 45 塊美金，車程約 4 小時。

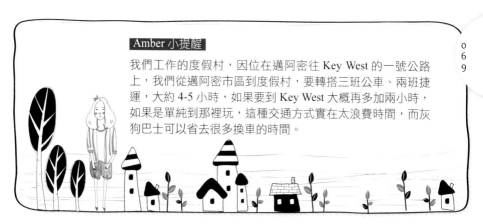

Amber 小提醒

我們工作的度假村，因位在邁阿密往 Key West 的一號公路上，我們從邁阿密市區到度假村，要轉搭三班公車、兩班捷運，大約 4-5 小時，如果要到 Key West 大概再多加兩小時，如果是單純到那裡玩，這種交通方式實在太浪費時間，而灰狗巴士可以省去很多換車的時間。

Key West 雖然是個小島，但要走完一圈，光靠雙腳，還是件不可能的任務。雖然說在這裡有許多交通工具可以選擇，卻又沒有任何一班公車，可以到達這些景點，這裡的公車都是對外連接 Florida Keys，單單在小島上，坐一小段要兩塊美元，除非是要到島的另一端，不然是不划算的，而且重點是，無法抵達真正想去的景點……。在 Key West 走跳，除了靠萬能的雙腳，花點錢租摩托車，可能是最方便且快速的方法。以下介紹其他遊島的交通方式。

【觀光列車】

　　坐在觀光列車上，繞小島一圈，沿途會有導覽說明，但並不便宜。

【腳踏車、摩托車】

　　在小島上有非常多的租車中心，每家的價位都不太一樣，租一天約 65-80 美金，雖然也不便宜，但非常方便！除了腳踏車、摩托車，甚至還有電動車可以選擇。

【人力車】

　　在路上可以看到許多年輕男子騎著三輪車，那也是計程車的一種，如果只有一兩個人同行，可以試試看，車夫通常都是養眼帥哥，身材很好，沿途還會講解歷史故事。

特派員 /Joanna

海明威故居 Hemingway Home

　　海明威故居為西礁島最著名的景點之一，這是美國大文豪海明威於1929 年至 1939 年，與第二任妻子的住處，而現在變成了海明威博物館，展示著許多海明威從世界各地帶回的藝術品，還有他寫下許多著作的書房。在這趟旅行中，Amber 跟 Ivy 只有在故居外合照，沒有機會進去，所以內部資訊就交給文藝少女 Joanna，跟著他一起進入這位大文豪的家吧！

　　在這間 villa 的每個角落，可以看出大作家的品味，每樣傢俱和擺飾都美得像在逛博物館，私人收藏的書籍、游泳池、小噴水池、小花園、獨立的書房，以及許多描繪老人與海的掛畫和照片……有太多東西可以欣賞，讓人目不轉睛。最重要的是，這裡竟然有簡體中文的簡介可以免費拿取，大家就不用辛苦的研究英文啦！

　　裡頭最值得一看的，當然是大作家的書房啦！書房不在主要建築物裡，而是在另一棟建築物的閣樓，通往閣樓的樓梯不大，人多的話通常都要排隊。書房裡氤氳著文學的氣息，可惜只能隔著鏤空的鐵門拍攝。

　　庭院很美很適合悠閒的坐著，不過最好穿著長褲或是噴防蚊液，這裡的蚊蟲真的很可怕，被叮到，都會腫很大又超癢，非常難受，一定要特別注意。

網址：www.hemingwayhome.com
地址：907 Whitehead St.,Key West,FL 33040
電話：305-294-1575
時間：9am - 5pm
門票：12,5 美元 / 人
交通：步行前往

蘋果綠色的窗戶，度假式房屋。

3-5 延伸景點

美國最南端 Southernmost Point

　　在 Key West 最南端，豎立著一座黑黃紅配色的石碑，以大西洋為背景，除了是美國最南端的標誌外，距離古巴哈瓦那只有 151 公里，紀念碑上標示著「Southernmost Point」及「90 miles to cuba」，而這塊石碑更成了西礁島的熱門景點，就連平常日去，想跟石碑合照還需要排隊呢！

地址：Whitehead Street,Key West, FL 33040（與 South Street 的交叉路口）

杜瓦街 Duval Street

　　西礁島最熱鬧的一條街，許多餐廳及商店都聚集在這，一整排木頭小屋，完全沒有高樓大廈，充滿悠閒的氛圍，在杜瓦街上的許多餐廳及商店，都可以拿到導覽手冊，除了介紹許多當地的餐廳及景點外，上面還有許多折價卷，所以來到這記得要拿一份，我們的 Häagen-Dazs 就因為這樣得到買一送一的優惠。

美國航空競技場 American Airlines Arena

　　有在關注 NBA 賽事的人，對於邁阿密熱火隊，一定不會陌生。我們要出發前往美國時，正好是邁阿密熱火隊跟達拉斯小牛隊的總冠軍賽，雖然我們無緣去看比賽，但還是在機場幫朋友買到紀念的冠軍 T-shirt。

　　在 NBA 中，每隊在自己的城市都有一座屬於自己的場地，美國航空競技場就是邁阿密熱火隊的球場，平時除了球賽外，也提供音樂活動使用，因為我們去的時間沒有任何活動，所以我們不能進去參觀。如果來的時機剛好，一定要看場 NBA 比賽，或者到裡面走走，親身體驗一下 NBA 現場比賽的氛圍。

網址：www.aaarena.com

地址：601 Biscayne Boulevard, Miami FL 33132

電話：786-777-1000

時間：有活動、比賽才會開放

交通：公車 3 → Biscayne Bd NE 6 St

　　　93 Biscayne MAX → Biscayne Bd NE 6 St

　　　95 Golden Glades → Biscayne Bd NE 6 St

　　　103 Route C → Biscayne Bd NE 6 St

　　　119 Route S → Biscayne Bd NE 6 St

074

感謝部落客孫加味
(blog.yam.com/chia0302) 提供照片

林肯路 Lincoln Road

　　相較於 Ocean Drive，林肯路可以說是更佳熱鬧，尤其到
了夜晚，餐廳酒吧林立的路上，更是充滿高聲歡笑的遊客，林
肯路上還有一座購物中心，許多美國品牌，如 Gap、Tommy
在這都可以看到，可算是邁阿密的第五大道。林肯路是一條行
人徒步區，假日會有藝術及街頭表演活動，遊客在這可恣意閒
逛，享受悠閒的生活。另外，我們在後面章節有介紹的美味漢
堡 "Shake Shack"（請參考「紐約美食特搜隊」章節），在
林肯路上也分店，他的漢堡真的非常好吃，一定要去試試。

特派員 /Jessica

邁阿密夜生活

如果熱衷於夜生活，或嚮往電影中的加長型禮車，那來到邁阿密南灘一定不容錯過！！在這裡你可以體驗，與台灣完全不同的夜店文化。從你搭上禮車那一刻起，就彷彿已經置身在一家夜店中，當然實際店裡更是充滿熱情！

有些邁阿密的夜店空間大到，即使一家店裡放兩種音樂，也完全不衝突。我會建議如果想去大型夜店，就去最知名的Mention吧！人潮真的非常多，這時候可以找公關帶進去，會比較順利，他們幾乎都會讓女生先進去。而行程只要跟入住的旅店詢問，基本上都有提供。

套裝的行程約 45 美元，當中包含晚餐、飲料（含酒精）喝到飽、入場門票，及搭乘加長型禮車。邁阿密各大夜店的門票，幾乎都是不含任何飲料的，所以套裝行程有飲料喝到飽，是蠻划算的一點，重點是可以搭乘只在電影裡看過的禮車耶！！推薦給嚮往美國夜生活的讀者。但最重要的是，無論男女絕對都要小心自身安全喔！

小提醒

服裝要整齊，不可以穿拖鞋。美國夜店規定，須年滿 21 歲才能入場喔。

3-6 邁阿密美食搜查隊

NEW'S CAFE

　　我們在抵達邁阿密之前，就先上網查了南灘有名的餐廳，不少網友都推薦這間 NEW'S CAFE。它在邁阿密南灘已有二十年的歷史，位於南灘對面的 Ocean Drive 上。它有著室內、戶外用餐區，但是因為那天太陽太大了，已經很黑的我們不想再晒黑了，所以就坐在室內區用餐，但其實應該在戶外邊看海邊吃美食，會更有度假的感覺！。

　　NEW'S CAFE 除了餐廳還有書店販賣特色商品，營業時間為全天24hrs。有沙拉、漢堡、蛋料理、中東菜、義大利麵、披薩、甜點……等等。在它的官網就有 menu 可以看囉，還有戶外用餐區的即時狀況。這裡的餐點稱不上極品，但是可以在這享受早午餐，並看著這一片美麗的海洋，放慢步調感受一下悠閒的生活。

網址：www.newscafe.com
地址：800 Ocean Drive Miami Beach, FL33139
電話：305-538-6397
時間：24HRS
花費：10-15 美元
交通：公車 103 Route C → Washington Av 8St
　　　　123 South Beach Local → Washington Av 8St
　　　　（步行至 Ocean Dr. 5-10 分鐘即可抵達。）

自助式的用餐環境

Joe's Stone Crab

　　這間是 Ivy 跟 Amber 本來要去的餐廳，它在邁阿密非常有名，創立於 1913 年，據說進去用餐都要等一兩個小時，而且不接受定位。它分成外帶區跟內用區，價格相同但外帶區沒有服務生，不需給小費也有位置坐。聽說它的螃蟹肉質鮮甜肥厚，價格當然不便宜，如果讀者有錢有閒，一定要幫我們去吃吃看這間政商名流也會去的石蟹餐廳！上網搜尋絕對可以看到許多部落客的大力推薦。

　　除了海鮮之外，還可以品嚐看看檸檬派（Key Lime Pie），它可是 Florida Keys 的特產呢！如果要到內用區用餐，千萬別像逛夜市一樣隨便穿，先詢問服裝規定（dress code）再前往吧！

買蟹腳贈送的兩個小麵包

網址：www.joesstonecrab.com
地址：11 Washington Avenue Miami Beach, FL 33139
電話：305-673-0365（內用）305-673-4611（外帶）
時間：【內用】Tue - Sat 11：30am - 2pm；Sun - Thu 5pm - 10pm（Fri.Sat - 11pm）
　　　　　　（詳細營業時間請上官網查詢）
　　　　【外帶】Sun-Thu 7：30am - 9pm（Fri. Sat - 10pm）
交通：公車 113 Route M → South Pointe DrWashington Av
　　　　123 South Beach Local → South Pointe DrWashington Av
　　　　150 113 Route M → South Pointe DrWashington Av

以上照片感謝部落客 Nana 提供，快到 www.wretch.cc/blog/littlechien 看更多邁阿密與西礁島的遊記吧！

Caroline's Cafe

　　這是個間戶外露天餐廳，Ivy 的朋友來 Key West 的時候也想吃這間，但在杜瓦街上有許多類似的露天餐廳，可別找錯了，味道可是差了十萬八千里喔！

　　圖片這兩份都是蝦子料理，用料實在，蝦子新鮮彈 Q，搭配 Ivy 最愛的 SWISS 起司，真的好好吃！它的份量一個人吃不完，剩下的一半說什麼也要打包回去，怎麼能浪費美食呢！Caroline's Cafe 賣的雖然是一般美式餐廳都有的漢堡、沙拉、牛排、義大利麵、甜點……等，但是不管是麵包、薯條或其他食材，都非常棒，連帶回去冷掉了都很好吃。服務生也親切熱情。一定要大力推一下這間餐廳！

網址：www.facebook.com/profile.php?id=100001319733289
地址：310 Duval St Key West, FL 33040
電話：305- 294-7511
時間：11am - 11：30pm
花費：約 15 美元

El Siboney

　　這間在 Key West 相當有名，也是當地人推薦的餐廳！創立於 1984 年，目前有兩間分店，都在 Florida Keys 上。主要為古巴菜，平日人潮也很多，有興趣的讀者可以試試古巴美食喔！部落客 Nana 強力推薦 Paella Valenciana 西班牙海鮮飯（限量出餐），如果不想因為吃不到而飲恨，一定要提前幾個小時預約，一次至少兩份，一人 19.95 元，用料非常實在，裡頭有龍蝦、大蝦、雞肉、牛肉……等，喜歡海鮮的讀者千萬不要錯過！

網址：www.elsiboneyrestaurant.com

地址：900 Catherine Street Key West，FL 33040

電話：305-296-4184

時間：11am - 9：30pm

花費：20-25 美元

主餐贈送的炸芭蕉

不接受訂位所以外頭有不少人在等待

以上照片感謝部落客 Nana 提供，快到

www.wretch.cc/blog/littlechien 看看更多邁阿密與西礁島的遊記吧！

肆・尖叫聲不斷、遊樂園之城 —奧蘭多

　　相信大家對奧蘭多的印象，應該是迪士尼世界或 NBA 魔術隊吧？奧蘭多其實氣候與台灣類似，但冬天不像台灣濕冷，較為乾燥。州境內湖泊眾多，是個非常適合休閒旅遊放鬆的城市。

　　在 20 世紀初，奧蘭多還是著名的「橘子皮城市」，以農業發展為主，直到 1950 年代後期，導彈的製造以及位於佛羅里達東海岸的太空中心建立，為奧蘭多帶來了大量的收入和就業機會。但是，真正改變奧蘭多的關

鍵，絕對要歸功於 1971 年迪士尼的建立！

　　迪士尼世界有將近半個台北市這麼大！每個園區還有獨立的高速公路交流道。因為迪士尼的進駐，環球影城、海洋世界、布希花園……等等也開始進入奧蘭多這個城市。現在奧蘭多州境內，除了有全球唯一的甘迺迪太空中心，還擁有 10 個大型遊樂園，以及充滿人文藝術氣息的博物館，加上數不清的飯店，造就了奧蘭多的風貌，成為世界著名的玩樂勝地。

4-1 實用交通小地圖

奧蘭多的交通很簡單，你只要會搭兩種公車，就可以走透透了！

1. I-RIDE TROLLEY

奧蘭多的公車造型很可愛（當然這不是重點），在欣賞它的外貌之餘，有一個小地方要注意，它的公車路線分為紅線跟綠線。剛開始我們天真的認為，紅線就應該是紅色公車，沒想到公車清一色都是綠色的……所以搭乘的時候，記得看清楚這台公車是紅線或綠線，兩條線也有相交點，可在同一站換車。I-RIDE TROLLEY 的好處是，它的路線有到三間 OUT-LET、遊樂園和許多旅館跟餐廳，不過沒有到迪士尼以及環球，必須要轉乘 LYNX 才能到達。

讀者可依照自己停留的天數以及預估搭乘的次數，選擇適合的 Day Pass。有超過 100 個據點可買，要查詢最近的販售地點，請至官網查詢。

單趟搭乘 1.25 元
One Day Pass：4 元
Three Day Pass：6 元
Five Day Pass：8 元
Seven Day Pass：10 元
網址：www.iridetrolley.com/passes.asp

2. LYNX

　　LYNX 的路線相當多，主要為當地人搭乘，一樣可以選擇適合的 Day Pass，到 TTC 公車總站（TRANSPORTATION & TICKET CENTER）購買。

單趟搭乘要 2 美元
All Day Pass 4.5 美元
7-Day Standard Pass 16 美元
網址：www.golynx.com

I RIDE TROLLEY 路線圖

★ IHOP

★ ORLANDO PREMIUM OUTLETS
INTERNATIONAL DR

★ UNIVERSAL ORLANDO

★ IHOP

★ Boston Lobster Feast

★ POINTE ORLANDO

★ SEA WORLD

42

★ ORLANDO PREMIUM OUTLETS
VINELAND AVE

LYNX

LINK
8,37,42

4-2 競標來的房間,真的好便宜

　　在奧蘭多我們安排的行程為環球影城、迪士尼世界和 OUTLET。迪士尼我們選擇住在園內,為了去環球影城及 OUTLET,我們決定住在 I-RIDE TROLLEY 站牌附近,交通比較方便。如果讀者想跟我們一樣,可以選擇使用 PRICE-LINE 競標,以優惠的價格,住到不錯的房間。選擇城市 Orlando 之後會出現如下:

12:Universal Orlando Resort Area

11:Sea World - Intl. Drive - Convention Center

　　12 區離環球影城很近,11 區離環球影城有小距離,不過都在 I-RIDE TROLLEY 的路線上,建議先選 12 區,沒標到的話再考慮 11 區。

　　我們是以一個房間 25 元標到第 11 區的，EXTENDED STAY AMERICA，但用競標的方式似乎不能選擇人數，所以 Ivy 跟 Amber 訂的是雙人房，還有另外四位朋友就必須加床了，但我們只加了一張床，所以 3 人橫躺一張雙人床，另外還加了網路費用一共三晚 130 美元，照理說是一人 32.5 美元三個晚上，但是我們擠了 6 人，所以三個晚上才 21.6 美元。好便宜優！房間還有微波爐、爐子、咖啡壺、冰箱，床鋪跟廁所也算乾淨，需要毛巾也可以跟櫃檯拿。實在非常划算！唯一的小缺點是不會有人每天來打掃，住宿超過 5 天才會有專人清潔。但為了省點錢，我們也不是很介意。

　　EXTENDED STAY AMERICA 在奧蘭多有多間分館，在 I-RIDE TROLLEY 紅線 7 號上，我們的好友 Ivan 就以 25 元標到。房間很類似，但網路費用竟然是免費！希望大家也這麼好運標到這間囉！

分享可愛的巴斯跟胡迪給你們看攆

迪士尼住宿─ STAR MOVIES

　　住在迪士尼最大的優點，就是你可以比一般遊客提早入園（Extra Magic Hours）！迪士尼的熱門設施，在人多的時候往往排隊超過一個小時，如果有這個神奇的時間，一進園你只需要跟飯店的房客搶這幾項熱門設施。除此之外，也可以比別人晚離開園區 1-3 小時，實在太划算了！

　　其次，你住在迪士尼裡頭，完全不用擔心交通問題，到各個園區以及 Downtown Disney 都有接駁，此外還有提供貼心的機場接送。下飛機後還不用提領行李，你行李只要綁上迪士尼寄給你的行李袋，他就會直接送到你飯店囉！離開迪士尼也不須提著厚重行李，在飯店就可以掛行李了，帶著隨身包包，就可以快速登機囉。

　　光是以上這兩點就太吸引我們了！！但更令我們興奮
的是，我們可以住在《玩具總動員》的房間！！！能住在
Andy 的房間和玩具一起睡覺，真的太開心了！！這可是兒
時的回憶耶！！

Ivy 小提醒

入住前記得先查詢 Extra Magic Hours，不要跟我們一樣到了園
區，才發現當天沒有神奇時間……請大家不要跟我們一樣蠢，浪
費住在迪士尼的福利！

開放時間請上 disneyworld.disney.go.com/calendars/ 查詢。

每日開放的時間及園區皆不同。

4-3 沒玩過，別說你來過 Orlando

奧蘭多環球影城 Universal Orlando Resort

奧蘭多環球影城包含兩個園區，Universal Studios 和 Islands of Adventure 以及 CityWalk。CityWalk 是一個充滿了餐廳、紀念品、酒吧、Live Band 表演的地方。兩個園區超過了 50 個景點、遊樂設施、表演……等。並擁有 Loews Portofino Bay Hotel & Spa、Hard Rock Hotel、Loews Royal Pacific Resort 三間旅館，房客還享有 Express Pass 免去排隊的困擾。

在奧蘭多環球影城，你可以看藍人樂團（Blue Man Group）的精采表演，與蜘蛛人一同享用早餐，夜遊萬聖節恐怖夜（Halloween Horror Nights）嚇死自己，聖誕節還能看假日遊行（Macy's Holiday Parade）感受過節氣氛，以及 Rock the Universe、Summer Concert Series、Grad Bash and Gradventure、Mardi Gras……等音樂盛會，全年都有不同的節日活動。你也可以進入 Universal Studios 與史瑞克一起冒險，拯救費歐娜公主，去辛普森的卡通世界玩雲霄飛車，跟威爾史密斯一起射擊外星人，目睹龍捲風的侵襲以及地震災害發生，甚至你也可以當起電影主角拍部電影！

　　在 Islands of Adventure 你可以和你最愛的英雄見面，和大力水手卜派玩得一身濕，闖入侏羅紀公園差點被恐龍生吞活剝，綠巨人浩克帶你繞得暈頭轉向，還可以進入最精采的魔法世界，跟著哈利波特一起打魁地奇，到活米村喝杯奶油啤酒，重點是你絕對不會因為是麻瓜而被趕走！快來深入體驗奧蘭多環球影城的電影世界，實現做夢般驚險又刺激的假期！

＊ 詳細介紹請見【遊樂園攻略】

網址：www.universalorlando.com
地址：1000 Universal Studios Plaza Orlando, Florida 32819
電話：407-363-8000
時間：以官網上公佈為主，每天有所不同
交通：I-RIDE TROLLEY 紅線 6 號站→轉乘對面的 LYNX42 號公車
　　　I-RIDE TROLLEY 7 號站→搭計程車進去
　　　I-RIDE TROLLEY 7 號站→沿 Universal Blvd. 步行

華特迪士尼世界 Walt Disney World

　　奧蘭多迪士尼世界，被譽為「世界上最神奇的地方」，是全球最大的迪士尼主題公園。面積約 124 平方公里，園區內包括 4 座佔地廣大、擁有許多娛樂設施和精彩表演。分別命名為神奇王國（Magic Kingdom）、艾波卡特（Epcot）、迪士尼 - 好萊塢影城（Disney's Hollywood Studios）、迪士尼動物王國（Disney's Animal Kingdom），還有碧麗灘（Blizzard Beach）及颱風湖（Typhoon Lagoon）2 座水上主題公園。除此之外，迪士尼世界還有超過 20 間的度假飯店及露營地區，甚至擁有自己的小商圈－迪士尼市中心（Downtown Disney），食衣住行全部都一應俱全。迪士尼世界於 1971 年 10 月 1 日正式開幕，到現在依然是美國十大旅遊景點之一。

　　來到這充滿歡笑的世界，你可以與野生動物近距離接觸，甚至住在野生動物園當中，一覺醒來，長頸鹿就在你的窗外。你也可以藉著艾波卡特環遊世界，看遍各國特色景點；要想了解外太空的話，歡迎來到未來世界；到好萊塢影城，親自體驗美國偶像的錄影現場，坐上遊園車了解特效拍攝過程，走進中國戲院大門，了解好萊塢電影的經典時光。最後，當你來到魔幻王國，你不能錯過迪士尼遊行與夜間煙火秀，夢想中的灰姑娘城堡，從小一起長大的迪士尼人物，看了不下百次的迪士尼卡通，奧蘭多迪士尼之旅，實現了我們最大的小朋友願望。跟著我們一起進入這夢幻王國吧！

＊ 詳細介紹請見【遊樂園攻略】

網址：disneyworld.disney.go.com

地址：3111 World Dr Orlando, Florida 32830

電話：407-939-7675

時間：以官網上公佈為主，每天有所不同

交通：LYNX50 → TTC 公車總站，有到四個園區的迪士尼接駁車、捷運、船。

4-4 血拼好去處

　　搭乘 I-RIDE TROLLEY 的時候，記得在公車上拿一份地圖，裡頭會有以下兩間 OUTLET 的 COUPON 兌換本！拿地圖到 FOOD COURT 就可以換囉，如果用買的一本可是要 5 元呢。但一份地圖僅限兌換一本，所以如果要省錢的話，記得在 I-RIDE TROLLEY 拿一堆地圖吧，哈哈。某些店面可以大夥一起逛，再分開行動，這樣逛起來更有效率，裡頭許多折扣都是要消費滿 100 元或以上才能使用，所以盡量跟朋友一起結帳，才比較划算！

　　還有，注意 I-RIDE TROLLEY 的末班車是 10 點，購物之餘也要記得注意時間啊！（我們有深刻的體驗…）因為某天 Ivy 跟 Amber 就是買到忘我，沒趕上公車，最後只好搭計程車回去，就這樣浪費了白花花的鈔票……。另外，OUTLET 的區域很大，店面又都長得很像，所以下公車後要記住搭公車地點，「準時」抵達公車站才不會沒車回飯店！！

ORLANDO PREMIUM OUTLETS INTERNATIONAL DR.（北邊）

網址：www.premiumoutlets.com/outlets/outlet.asp?id=96

地址：4951 International DriveOrlando, FL 32819

電話：407-352-9600

時間：Mon-Sat 10am-11pm；Sun 10am-9pm（時間依官網為主）

交通：I-RIDE TROLLEY 紅線→ 1

　　　LYNX → 8、24、42

風光明媚好天氣,好適合大買阿〜

ORLANDO PREMIUM OUTLETS VINELAND AVE.(南邊)

網址：www.premiumoutlets.com/outlets/outlet.asp?id=17

地址：8200 Vineland Avenue Orlando, FL 32821

電話：407-238-7787

時間：Mon-Sat 10am - 11pm；Sun 10am - 9pm（時間依官網為主）

交通：I-RIDE TROLLEY 紅綠雙線→ 41

LYNX → 8

Premium Outlets 之所以在這麼近的地方開兩間分店,是因為他們販售的商品有些不同,想要好好享受購物的人,可以兩間都去逛一逛(像我們就很敗家的兩間都去…)。比較共有的品牌之後,你會發現北邊的比較多店面不過南邊的有歐系品牌,如 Prada、Fendi、Burbery……等等。

除了有 COUPON 這裡還可以換匯!在網路上加入會員也可以下載。www.premiumoutlets.com

北邊必逛	南邊必逛	兩間都有
Ed Hardy	A|X Armani Exchange	Calvin Klein
Forever 21	Giorgio Armani	Levi's Outlet Store
Victoria's Secret	American Eagle Outfitters	Timberland
Ugg Australia	Burberry	Vans
Bath & Body Works	Fendi	Coach
Crabtree & Evelyn	Diesel	Guess Factory
L'Occitane	Prada	Juicy Couture
Gap Outlet	Salvatore Ferragamo	Guess Factory Store
	Tory Burch	Tommy Hilfiger
	Polo Ralph Lauren	
	Nine West Outlet	
	Tod's	
	Fossil	
	Lancome	
	Swarovski	

Amber 小提醒

如果你跟我們一樣，還會去紐約的 Woodbury Outlets 逛的話，不建議在這裡買衣服鞋子，這裡的稅一律 6.5%，紐約的衣服鞋子大約才 3-4%。但是其他商品像是包包，在紐約就要 8.125%。聰明人就知道要在這裡的 COACH 大買啦！

POINTE ORLANDO

　　這間其實沒有上述的兩間大，但是他有一些 Premium Outlets 不會出現的品牌，例如 Hollister，所以遇到了要好好把握才行！各位如果也是 Hollister 的忠實愛好者，可以來這邊逛逛！

（圖片來源：www.facebook.com/PointeOrlando）

＊此間必逛

A|X Armani Exchange、Bath & Body Works、Hollister、Victoria' s Secret。

網址：www.pointeorlando.com

地址：9101 International Drive Orlando, FL 32819

電話：407-248-2838

時間：Mon-Sat 12pm -10pm（6-9 月 - 9pm）；Sun 12pm - 8pm（時間依官網為主）

交通：I-RIDE TROLLEY 紅線 23 跟 24 中間，在顛倒屋的後面。

4-5 奧蘭多美食特搜隊

IHOP

　　這間 1952 年創立於加州的鬆餅店不僅全美，加拿大、墨西哥都有分店呢！在台灣很少機會吃到鬆餅，在美國 IHOP 的鬆餅廣告看起來超好吃，所以就決定品嚐一下，沒想到實在是驚為天人的美味啊！（好啦…是沒有這麼誇張）

　　在 IHOP 餐桌上就有四種鬆餅淋醬，搭配上頭甜滋滋的鮮奶油，令人回味無窮！IHOP 可是連美國友人都認為很好吃的早午餐唷！除了鬆餅以外，還有一般美式餐廳常見的沙拉、漢堡、歐姆蛋……等等，也都非常好吃，真希望它們也來台灣開間分店。聽說 IHOP 的鬆餅還可以免費續點喔！（Ivy 一直因為沒續點而感到悔恨…，因為真的很棒！）

　　一間連鎖餐廳不但餐點美味，行銷廣告又做得成功，連 menu 也非常用心，每一道看起來都超好吃，光看照片實在無法決定要點哪道！所以我們就連續吃了兩次這間餐廳，如果各位讀者在旅行途中有遇見分店的話，一定要停下來享受一下！不過它菜單上的草莓照片看起來很美，實際上吃起來有點假假的，很像蛋糕上的櫻桃醃製過久的感覺，喜歡新鮮草莓的可要考慮一下。

網址：www.ihop.com　　　電話：305-292-6319
時間：6am - 10pm　　　　花費：約 15 美元
交通：I-RIDE TROLLEY 紅線 7、15、28 站；綠線 1、7 站

特派員 /Orange

龍蝦吃到飽

台幣不到 1200 元（中午時段），比臉還大的龍蝦在奧蘭多任你吃到飽！

這餐廳不只是有賣龍蝦，涼拌海鮮、蚌類、生蠔、螃蟹、鮮蝦、魷魚、花枝、炸魚、義大利麵、濃湯、甜點……，冷的、熱的、鹹的、甜的、炸的、燉的……，你想得到的這邊通通都有！

不過千萬不要想挑戰全部吃一輪這蠢想法，因為這間的重點是「龍蝦」！沒錯，身為過來人，一進餐廳請直接衝向龍蝦排隊區取餐，就是有些人吃完好幾盤後才去龍蝦區，殊不知只吃了兩隻半……就再也吃不下了。這真的是太不划算了，應該吃個五隻、十隻才夠本啊！

所以強烈推薦，請別貪心想吃下所有的東西，乖乖吃那香嫩多汁、沒有多餘香料、最原汁原味、肥嫩嫩的甘甜龍蝦就好了，有多餘的胃再去吃其他配菜吧。

網址：www.bostonlobsterfeast.com

地址：8731 International Drive. 5 Blocks North of the Convention Center

電話：407-248-8606

時間：4pm - 10pm；Sat.Sun 2pm - 10pm

交通：I-RIDE TROLLEY 紅線→ 20 站；綠線→ 10 站

伍・時尚購物天堂買不完 — 紐約

　　紐約是美國最大的城市，世界第四大都會區，僅次於東京、首爾、墨西哥城，人口約 830 萬人，也是全美人口最密集的城市。它在全球商業及金融上，擁有重要的影響力，更被評選為世界級的城市，不管在政治、教育、娛樂與時尚界，都扮演著舉足輕重的角色。

　　紐約市（New York City）是紐約州東南方的一座城市，官方名稱為 The City of New York，全市分為五區，分別為曼哈頓區、皇后區、布魯克林區、布朗克斯區、史泰登島區。其中曼哈頓區更是紐約的精隨，花邊教主的帝國大廈、中央車站、慾望城市的第五大道、曼哈頓情緣的中央公園……等，擁有許多知名景點。

　　「The Big Apple」大蘋果，是紐約的另外一個別名，有人說是因為「好看、好吃，人人都想咬一口」。另外一個說法，則是 20 世紀時爵士樂非常盛行，有一首歌唱到：「成功樹上蘋果何其多，但如果你挑中紐約市，就挑到了最大的蘋果！」（There are many apples on the success tree, but when you pick New York City, you pick the Big Apple），而演唱這首歌的樂團，剛好名為「大蘋果」，紐約也因此得名。

5-1 實用交通

　　一個發展成熟的城市，交通系統相對的一定非常的發達，在紐約，你可以利用 24 小時的地鐵及巴士，到達任何你想要去的地方，我們在紐約的期間，幾乎完全依賴地鐵到處走透透。當然計程車也是紐約市的象徵之一，在行李很多的情況下，計程車就成了最好的選擇。

地鐵

　　紐約地鐵總共有 24 條線路，多達 468 個站，因此有許多大大小小的事情必須注意，要事先了解，才不會像我們摸索了兩天，才終於沒有坐錯車、下錯站。

網址：www.mta.info

注意事項

1. 每班車都有分上城（uptown）及下城（downtown），要了解自己要到達的目的地，是在哪個方向，才不會做到反方向的車。

2. 了解每個景點的地鐵站，有哪些車次停靠，紐約地鐵以顏色作為路線區分，同一顏色上還會有不同編號的車，是因為有分快車（express）跟慢車（local），快車只停靠重點站，在地圖上是以○表示，慢車則是每站都會停靠，地圖上則是●。

3. ◇菱形是代表加開車或快車，有些站是沒有經過的，要搭乘時，必須注意是否有到達自己的目的地。

4. 紐約地鐵是全世界唯一，24 小時全年無休的地鐵。但有些站晚上還是會休息，在進站時，站外若是綠燈，則表示此站是 24 小時開放，紅燈則是有開放時間，有時候深夜或者假日會遇到維修或保養，此時地鐵站就會貼出公告，哪部車停駛或改道，都要特別注意。

5. 在紐約地鐵站的出口，不是像台灣標示著號碼，而是標示著那一條街的名稱，所以搭地鐵前，除了要知道自己該在哪站下車，也要知道自己該從哪條街出來。

6. 要進入地鐵站前，都可以知道這站有哪些線路會經過及停靠，以及要往上城或下城，進站前勢必多加注意，才不會多走很多冤枉路。

7. 紐約地鐵票為 Metro Card，無論地鐵或公車都可以使用，所有地鐵站都有自動售票機可供使用，但要注意有些機器只接受信用卡服務。

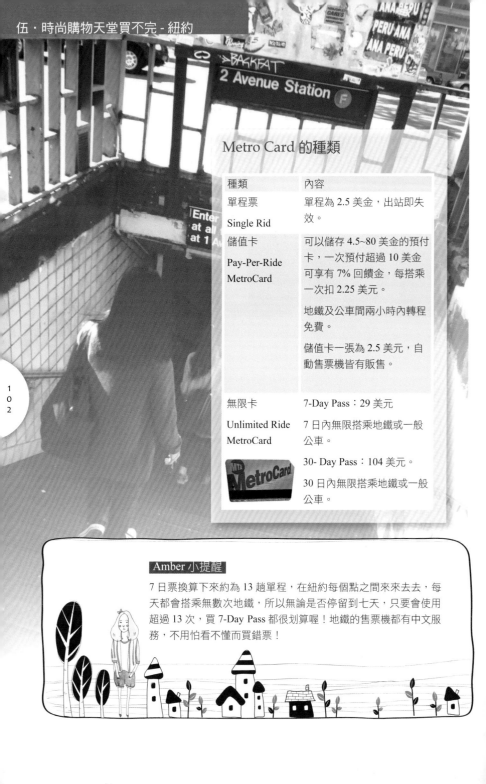

Metro Card 的種類

種類	內容
單程票 Single Rid	單程為 2.5 美金，出站即失效。
儲值卡 Pay-Per-Ride MetroCard	可以儲存 4.5~80 美金的預付卡，一次預付超過 10 美金可享有 7% 回饋金，每搭乘一次扣 2.25 美元。 地鐵及公車間兩小時內轉程免費。 儲值卡一張為 2.5 美元，自動售票機皆有販售。
無限卡 Unlimited Ride MetroCard	7-Day Pass：29 美元 7 日內無限搭乘地鐵或一般公車。 30- Day Pass：104 美元。 30 日內無限搭乘地鐵或一般公車。

Amber 小提醒

7 日票換算下來約為 13 趟單程，在紐約每個點之間來來去去，每天都會搭乘無數次地鐵，所以無論是否停留到七天，只要會使用超過 13 次，買 7-Day Pass 都很划算喔！地鐵的售票機都有中文服務，不用怕看不懂而買錯票！

憑書給優惠的計程車

　　黃色計程車也是紐約的名產之一，甚至還有許多計程車相關的紀念品。但我們在這邊要介紹的，並不是一般的紐約計程車，而是華人所開的計程車行，另外一種說法叫「電召車」。先打電話跟他預約時間跟地點，他們便會派車去接送，這種華人的電召車好處，就是價錢都可以事先知道，不用害怕亂開價的司機，而且可以用中文溝通。

　　我們遇到的司機人都很好，有中國人，也有台灣人，當然，還是可以嘗試電影裡出現的紐約小黃。我們只有在行李很多，或要去郊區 outlet 時，才奢侈的坐計程車，平常還是都以地鐵為主。

　　我們從 JFK 機場到小義大利區的住宿，六個人 12 箱大行李加隨身行李、電腦⋯⋯，總共叫了兩台車，一台休旅、一台五人座，大台的 48 美金、小台的 38 美金，車程約一個小時，價錢還算可以接受。一般的計程車大多是跳表計價，從 2.5 美金起跳，從 JFK 機場到曼哈頓市區，約 40 元，小費另計。

在這裡要特別推薦阿豪先生，他是我們透過「來來客居」（台灣人開的紐約民宿）介紹的，那天我們因為行李問題，拖了 1 小時多才走出機場，而阿豪先生就乖乖在出口等我們，一句怨言也沒有，一路上還跟我們大聊特聊。很巧的是他前幾天，才載過我們奧蘭多美食特派員 Orange 呢！

從小義大利區要搬到法拉盛（Flushing）由於行李太多，他不但幫我們搬下超重的行李，收費也很便宜。這樣親切熱心的中國司機，一定要好好幫他宣傳一下。阿豪先生還說，只要憑書打電話叫車的讀者，一律便宜五元優！詳細資訊自行詢問阿豪先生吧！

華人計程車

王先生：917- 420-8591

阿豪：646- 667-8842　＊憑書優惠 5 美元喔！

徐先生：646-431-1588

5-2 充滿人情味的紐約民宿

甜滋滋民宿

　　為何叫做甜滋滋民宿呢？其實不是他的本名，這是某位部落客取的（www.wretch.cc/blog/eggchi），看了這位部落客的分享，我們決定一定要住這間！它沒有官網，所以只能透過電話訂房，而且價格對我們來說不算便宜，雙人房約 115 美元，4-5 人小公寓（兩房一衛）約 225 美元。但看了部落客分享，Ivy 決定打電話問問看，我們一共有 7 個人，並且告訴他，我們來自臺灣（Adi 的前妻為台灣人），我們在美國打工，很喜歡他的民宿，拜託他算我們便宜一點。最後他說，可以給我們優惠的價格，但是要幫他工作，就是幫助街友。聽到可以降價，又可以幫助人，何樂而不為？

　　甜滋滋的位置很好，在曼哈頓島小義大利區，離 2nd Ave. 站僅 3 個街區。價格包含所有稅以及早餐吃到飽。早上有土司、奶油、果醬，冰箱有各種果汁還有牛奶、玉米片及水果（我們還帶了水果在半路吃），通通無限量供應。此外，還提供超過 10 幾種的茶包、可可……等。早餐可以吃超飽再出門，中午就省下一餐囉！而且晚上回來肚子餓也可以吃（這是我自己說的啦，因為 Adi 只有說附早餐，哈哈！）。

　　房間有分雙人以及 4-5 人，依衛浴的有無，價格不一，優惠的價格是多少，就自己詢問摟。我們 7 個人睡 4-5 人房，除了行李太多，快沒空間走路之外，也算睡得很舒服，平分下來，住一晚其實非常優惠。整間的裝潢很溫馨，走歐洲的風味。我們住的房間還可以開伙，有冰箱、暖爐，房間還有佛像，讓人很安心。聽說頂樓的夜景很美喔！

　　這間民宿老闆真的是佛心來的，截稿前夕打電話問過 Adi，他說只要幫忙分送食物給街友，也願意給讀者一樣優惠的價格。

　　分送食物給街友其實很輕鬆，大約早上 10 點，如果人少可以搭 Adi 的車，人多一點就走路過去，大約 5-10 分鐘，先去另一間屋子準備食材，Adi 準備了巧克力蛋糕，所以我們就只要抹上巧克力！準備完畢後，到公園發送食物摟！到了公園已經有人在排隊了，我們只需要負責將食物裝到盤子上。領食物的人跟我們想得不太一樣，有的穿的乾乾淨淨，很像上班族，有些是華人，有些還會幫忙一起搬桌子，非常的有秩序。（Ivy 本來以為是在走街上，拿食物給街友，可能還有人會衝上來搶，真的是想太多！）結束後幫忙清洗鍋子，大概 1 小時半即可結束。

　　Adi 說他一個禮拜來兩次，我們第二次幫忙時，因為第一次帶我們過去的少女沒來，我們又一直等不到他，最後問了一位房客，附近的公園在哪，才趕過去幫忙。我們遲到 Adi 也沒說什麼，還很開心我們來幫忙。我們覺得 Adi 是相信人性本善的修行人，如果有機會住這間，而且要幫忙 Adi 的讀者，請懷著幫助街友的心，而不是把它當作減價住宿的一項工作，做得心不甘情不願。別讓 Adi 對台灣人留下不好印象喔！

　　對我們來說，這趟旅行有這個經驗真的很難得，非常感謝 Adi，見到 Adi 也請記得，幫我們跟他問好歐！

Adi

E-mail：adi108ny@yahoo.com

電話：212-473-3558

倍感親切，台灣人開的民宿

在紐約住宿真的不便宜！要發揮小資女的精神就得仔細找找住在哪裡最便宜又安心！想住得便宜不外乎民宿或是青年旅館。而民宿我們認為找台灣人開的住起來比較安心且不用擔心文化民情不同。我們找遍紐約台灣人開的民宿，下頁介紹我們接觸過且認為值得推薦給讀者的民宿。

在美國工作的同事聽到我們我們要住在皇后區 (Queens) 的法拉盛，紛紛告誡我們要早點回家千萬別在外逗留太久。但紐約實在太好玩，我們幾乎天天午夜才回到民宿。幾天住下來我們認為法拉盛不像一般人說的那可怕，甚至好像來到了香港，滿街中文看板，充滿著華人，真的不像置身紐約。住在這裡還可以吃到懷念的家鄉食物解解饞。如果住宿有預算限制，不妨考慮價位比曼哈頓低一點的皇后區吧！

紐約心

這間是由一對可愛的台灣夫妻所經營，女主人 Jane 非常用心的經營部落格，也分享許多紐約購物資訊，我們有些購物資訊，都是來自於紐約心的部落格。曾寫信詢問過房間，不過早就沒有空房了！所以想住這間可愛又用心的民宿，可要提早訂房了！Jane 人非常好，即便沒有空房，還推薦我其他華人的民宿。另外，他們有提供購物團到 Woodbury 以及 Tanger。

地點：皇后區的 Rego Park
價位：一人一晚約 30-40 美元
網址：www.wretch.cc/blog/aup6m3
電話：718-877-5535

紐約匯客來

這間雖然沒有住過，但網路的評價似乎還不錯，有網友説主人 Eric 人很好，有問必答。網站照片看起來房間挺溫馨乾淨的。

地點：皇后區法拉盛
價位：一人一晚約 35，價格依季節有變動，詳細請詢問
網址：www.taiwanesehouse.url.tw
電話：646-338-1578

紐約沙發客

　　這間民宿附近有一間超市，還有麥當勞、Subway、銀行、電影院、餐廳，是個很方便的住宿地點，我們有朋友連住了十個晚上。房間非常乾淨，有無線網路可以使用，重點是老闆夫婦人非常好，會提供很多資訊給旅客，像是推薦好吃的餐廳、去哪下載優惠券、怎麼搭地鐵比較快……等，還帶我們的朋友去吃麻辣鍋，還有順路載他們從紐澤西的Outlet回來（免費的喔），只能説老闆真是超熱情，超級大推薦！

地點：皇后區森林小丘（Forest Hills）站出口走路三分鐘以內
價位：一人一晚從 30-60 元，價格比較高的有自己的衛浴
網址：tw.myblog.yahoo.com/tc_sublet
電話：908-821-6088

（以上感謝好友 Steven 分享）

來來客居

　　本來 Ivy & Amber 要住這間的，但是我們在紐約玩瘋了，完全忘記要在入住的前三天，打電話去確認，最後只能無緣入住了。這間價位非常划算，而且電話中覺得老闆人很好。最後臨時找不到房間，他還推薦了隔壁，同樣是台灣人開的民宿給我們，解決了住宿的問題。

　　還記得奧蘭多美食特派員 Orange 嗎？她就是住這間歐，據説還留下了一封信要給我們，偷偷藏在飛鏢靶的後面，最先去住這間的讀者，可以幫我們看看，Orange 到底留了什麼給我們嗎？記得到我們部落格留悄悄話喔！

地點：皇后區法拉盛
價位：平均一人一晚 30 元
網址：tw.myblog.yahoo.com/newyork-stay
電話：718-463-4474

5-3 沒逛過，別說你來過 New York

時報廣場 Times Square

　　時報廣場，紐約的代名詞之一，以《紐約時報》早期的總部為中心，東西向從第六大道到第九大道，南北向則從西 40 街到西 53 街，都可以算是時報廣場的範圍，很多人把 Times Square 翻譯成時代廣場，但其實他是因紐約時報在此而命名，跟時代雜誌沒有關係，所以正確說法，還是以時報廣場較為正確。

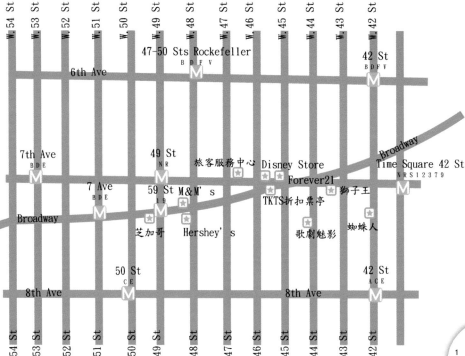

　　在沒來到時報廣場時，早就有個既定印象，應該就是很多電子看板、廣告牆跟觀光客吧！等真的到了時報廣場，真的是充滿包羅萬象的電子廣告，所有公司都想讓各地觀光客第一眼就被自己所吸引，於是各家廠商爭奇鬥豔；也因為來自世界各地的觀光客都聚集於此，廣場上還有許多街頭表演者、電影角色扮演者暨各式各樣的表演者，使出渾身解術，就為了引起民眾注意。

　　除了基本的打擊樂、舞蹈，我們更是看到奶奶級的歌手，全裸帶著藍色假髮在銀行前自彈自唱，還引來警察的關切，甚至我們跟一群觀光客一起欣賞一群舞者表演時，因為我們顧著拍照，忘了拍手，而被其中一位舞者制止，甚至說，如果我們不積極參與，就不給我們拍照，讓我們嚇了一跳，但見他一直炒熱氣氛，卻一直沒要開始表演，最後，我們沒看到表演就默默離開；只能說在時報廣場是個小紐約的縮影，無論什麼時候，總是熱鬧不已，難怪是全美國最受歡迎的景點，果真當之無愧。

　　從 1907 年開始，時報廣場便成了紐約最熱門的跨年景點，數十萬人聚集與此，一起倒數、一起慶祝新年，每當電視上轉播時報廣場的跨年景象時，我們都多希望自己可以置身其中，但又害怕那人潮，應該比台北市政府的可怕許多，也只好安慰自己，至少曾經去過，這種人擠人的時刻，還是看看電視就好。

　　來到時報廣場，除了琳瑯滿目的廣告外，百老匯跟特色商店更是不能錯過的，快跟著 Amber 與 Ivy 一起逛逛這精采又豐富的廣場吧！

交通：地鐵 N、Q、R、S、1、2、3、7 → 42 St-Time Sq
時間：8am - 8pm

M&M 巧克力專賣店

　　一整棟三層樓的 M&M 專賣店，光從外觀看到，就會讓人想進去一探究竟，一進門就看到滿滿的 M&M 各式商品，除了每個顏色的 M&M 巧克力外，更是有許多周邊小物，都非常可愛。現場有一台機器站上去，會測出你現在的心情，還有你現在適合的 M&M 顏色，很有趣，但是實在太多人排隊，我們就沒有去湊一腳。在裡面，我們瘋狂拍照拍的不亦樂乎，既然買不了那麼多東西，當然要都拿起來合照，以留紀念，Amber 還巧遇黃色 MM 先生正要搭電梯去休息，趁電梯還沒來，趕快問他是否可以合照，幸運的跟 MM 先生進一步接觸，要不是行李真的沒有空間，真的想要帶一隻回家。

Hershey's 巧克力專賣店

　　Hershey's 巧克力專賣店就在 M&M 對面，雖然不像 M&M 那麼的大規模，但也是十分有趣，裡面各式各樣 Hershey's 的巧克力，還有很多巨大版的巧克力，平常不愛巧克力的 Ivy，可是非常喜歡他們家的白巧克力，是小時候的最愛，可惜台灣後來再也找不到，在美國再次遇見，見到一次買一次，到現在都還後悔沒有多買一些回來存貨。

感謝部落客孫加味
(blog.yam.com/chia0302) 提供照片

迪士尼專賣店 Disney Store

　　不管去了幾個迪士尼，看到專賣店，還是想要進去看看，即使不買也開心。紐約雖然沒有迪士尼樂園，但是有幾家規模頗大的專賣店，其中時報廣場這家，更是許多遊客，會專門去尋寶的地方，除了商品樣式齊全，更是推出許多具有紐約特色的小物。最重要的是，迪士尼專賣店會有許多玩偶或商品，都是買兩樣就有優惠的，這是在遊樂園裡無法見到的，所以更適合想要收集迪士尼商品的旅客，我們這次因為時間關係，沒有機會好好逛逛，但因為朋友知道我們對迪士尼的熱愛，Amber 與 Ivy 因此還是收到來自紐約的迪士尼玩偶，Amber 收到史迪奇，Ivy 當然是收到最愛的跳跳虎，也算是收集到每一個城市的迪士尼紀念品。

Forever21

　　Forever21 旗艦店，從地下 3 樓到 1 樓，像是百貨公司一般，旗下所有牌子都聚集於此，樣式齊全，從內睡衣到飾品、鞋子通通都買的到，許多折扣的衣服都是 10 塊美金以下，雖然只有一個小時的時間，而且肚子超餓，女孩們還是分頭行動，努力搜括戰利品，即使已經在櫃檯結帳排隊，也還是要從花車上拿圍巾、看項鍊，一分一秒都不浪費。

網址：www.forever21.com

【Forever21 小故事】

　　1980 年代韓裔美國人在南加州所創立的品牌，屬於中低價位的女性服飾店，近年來更發展出男裝、內睡衣及飾品，深受年輕女孩喜愛，在 2010 年年底 Forever21 終於進軍亞洲，在香港開了第一間店，目前在台灣只能依靠網拍跟代購，是許多人去美國會大買的品牌之一。

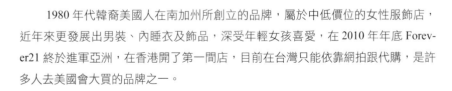

百老匯 Broadway

　　到紐約一定要到百老匯！百老匯這個詞怎麼來的呢？其實是 Broad-way 直接音譯來的，在這條大道上有許多大大小小的劇院，是美國音樂劇與戲劇的重要發展地，因此百老匯就成了他的代名詞。這裡每天都有許多知名的音樂劇與戲劇演出，例如：《歌劇魅影》、《芝加哥》、《獅子王》……等。一群同遊紐約的 5 位朋友大家想看的都不同，Amber 想看《獅子王》，Ivy 則是看什麼都好，就是不想花好多錢，哈哈。

便宜的票在哪？

　　逛時報廣場，你會經過 TKTS（折扣票亭），剛好在第七大道與百老匯相交的地方，你會看到一大群人在排隊，但這種耐心排隊事，絕對不會發生在我們身上！它只賣當天演出的票，可能排到你的時候，你想看的票就賣完了，或是買到很差的位置，整場音樂劇歪著頭在看，根本沒辦法享受戲劇的演出。此外熱門的戲劇都沒有折扣歐！例如：《獅子王》。雖然可以買到最低五折的票價，但為了避免這種徒勞無功的事，我們就不排隊了。

　　不去排隊買折扣票，又不想花大錢，其實網路購票很方便，價格也算優惠。時報廣場僅賣當天晚上的票，另外兩處還有賣隔天白天場的票，人潮也較少。

網址：www.broadwaybox.com
網址：www.playbill.com【＊免費加入會員後可以得到折價票碼】

哪裡有 TKTS ？

時報廣場：Brodway 與第七大道交界處
南街海港：位於 Front 及 John 街口，靠近 199Water St，Resnicky Prudential 後方
布魯克林下城：位於 MetroTech Center，Jay St 和 Myrtle St Promenade 交界

買票步驟

Ivy 在 broadwaybox.com 這個買到蜘蛛人（Spiderman）的票！網站上也有音樂會、體育賽事的票。介面操作也都很方便！

1. 點選 New York，在左側有所有折扣的清單（All Broadway Discounts），中間則是小圖顯示。在小圖下方你可以看到「View Discounts」跟「Read Reviews」，可以先看看別人的評價，再決定要看哪部。確定後選擇「View Discounts」。

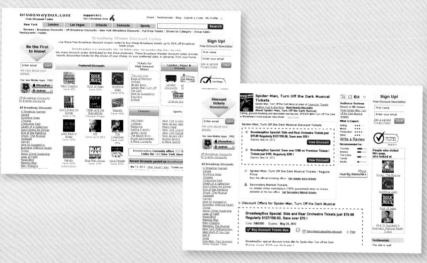

2. 直接選「Buy Discount Tickets Now」或是「Click Here」都可以。接著會跑出視窗，請你輸入折扣碼，然後按「Continue」就好了。如圖上面給的是「Code：SMBX85」

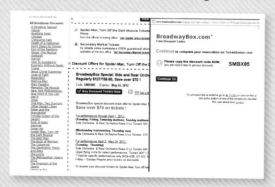

3. 直接跳到售票網的頁面啦!左邊還會跳出一個教學的視窗,好貼
   心。選擇預計要看的時間,如果當天有兩場的話會顯示「View
   Times」,如果只有一場,就會直接顯示當天時間。

4. 選擇坐位,現在還有結合 Fccebook,你可以知道你隔壁坐的是
   誰!想必帥哥美女附近的座位都被買光了,哈哈!左邊還可以設定
   你想要的金額,幫你謀合位置。選完就可以「Check Out」了!

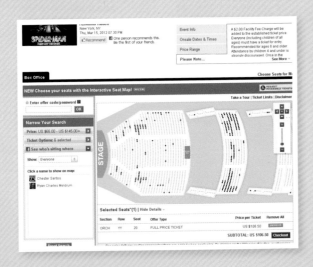

5. 檢查你的金額明細對不對，然後要不要加買相關商品，選擇「Continue」到下頁。決定你的取票方式，建議選擇「By Will Call」，開演前再取票就好了，也不用擔心弄丟。下一步，簡單加入會員，然後填寫你的付款資料，就完成購票囉！

6. 抄下你的取票號碼，依照指示前往取票。

（現場買的話我們這區可是要 149.99 美元）

其他購票方式

折扣卡：到旅客中心索取，折扣不大。

Rush Ticket：表演當天或演出前幾小時，以現金到劇院購買限量折扣票。

SRT（Standing Room Ticket）：用現金買低價站票（最後一排），但並非
每一齣戲都有販賣。

Lottery Ticket：開演前幾小時到劇院排隊寫下你姓名，投入箱中抽籤，抽
中即可用現金低價購票，但票數很少，機率不高。

精采刺激的臨場感

　　Ivy 在開演前兩天，上網買《蜘蛛人 - 終結黑暗》的票，第五排，只要
92 塊，隔壁的座位都要 100 多！第五排的位置看演員真的很清楚，連主角
頭上流的汗都看得到！但是蜘蛛人不斷在舞台跟二樓飛來飛去，仰頭一直
看其實有點酸啦，如果看蜘蛛人的話，二樓第一排我想是最棒的位置！因
為蜘蛛人會在你眼前往下跳！如果是一樓，我想大約第七或第八排位置應
該會更好。

　　幸運買到位置不錯價格又可接受的票，看完時真是情緒沸騰，又莫名
的感動。無奈英文程度不太好，雖然大概知道在演什麼，但不明白他們確
切的台詞在說什麼，所以英文跟我們一樣不太好的，可以先上網查一下演
出內容，會比較容易進入劇情。

Ivy 小提醒

請提前半小時到劇院，除了提前取票之外，萬一你
像我們一樣，坐在中間的位置，又跟我們一樣，開
演前幾分鐘才入場，工作人員會請整排的人起立讓
你過去……到時你也會跟我們一樣尷尬……，所以
要提早到喔！

中央公園 Central Park

　　中央公園為曼哈頓區最大的公園，號稱是紐約客的後花園，更是許多電影、影集中常常出現的景點，在寸土寸金的紐約，能有一座佔地 843 英畝的綠地，作為休閒運動、欣賞表演的去處，甚至擁有七座人造湖、動物園及溜冰場，紐約人真的很幸福！

　　我們來到中央公園那天，早上先去了歷史博物館，買了博物館門口的午餐後，便坐在公園裡享用，期間有許多人帶著小孩出來散步，也有很多慢跑的紐約人。美國很多人都有運動的習慣，尤其在紐約，街上隨時可以看到慢跑的人，難怪比起其他城市，紐約人的 size 好像小了很多號。

　　稍微休息後，我們便沿著公園到處走走，因為下午還有行程，打算只看最著名的兩個景點，便要離開，誰知道我們小看了中央公園的廣大森林，除了找不到景點，一直詢問路人外，來來回回繞了兩三個小時。不過在路途上除了原本預計的景點外，還看到了許多街頭表演，許多遊客都直接坐在草皮上，享受午後的陽光。當我們找到愛麗絲夢遊仙境的雕像後，大家都忙著拍照，只有 Ivy 實在受不了，連續幾天晚歸早起的生活，直接趴在長椅上小睡片刻。來到紐約，想要一天走完中央公園，實在是不可能的任務，只好期待下次有機會，再造訪馬達加斯加的動物園。

畢士大噴泉 Bethesda Fountain

　　最常出現在電影及影集中的公園地標，Amber&Ivy 喜歡的美國影集 White Collar 就曾經在這取景，讓我們特別有感觸。畢士大噴泉是一則聖經裡的故事，象徵天使降靈的噴泉，是可以治療百病的噴泉水，這也是為了紀念柯羅頓導水系統的建立。當時的紐約，正流行著嚴重的霍亂疫情，導水系統建立後，有了乾淨的水源，曼哈頓居民才免於感染病的威脅，噴泉上天使左手的百合，就是象徵著水的純淨。

愛麗絲夢遊仙境雕像 Alice in Wonderland

在中央公園裡，有著大大小小的銅像，其中愛麗絲夢遊仙境最受到大家喜愛。其實在童話故事中，Amber 跟愛麗絲最不熟，總是不知道故事的結局到底怎麼了，Ivy 更是對所有童話故事，都沒有很深刻的印象，直到魔境夢遊這部電影後，才稍微有點的印象。現場的銅像，許多小孩爬上爬下，果真是非常受到歡迎。

船屋餐廳 Boathouse

中央公園裡面，還有一間隱密在公園之中，卻生意興隆的船屋餐聽。許多電影中，其實都可以看到他的身影，像是慾望城市、27 件禮服的秘密……等，是一間很有約會氣氛的餐廳。因為它坐落在湖邊，在餐廳內用餐，可以看到一整片湖岸風景。另外，他還有出租船具的服務，很適合小情侶的浪漫約會。

我們去的那天，中午時段就有非常多人在排隊，而它本來就不在我們計畫之中，所以只是經過看了一下，下次有機會，再來品嘗看看吧！一定要記得先訂位，不然就要碰運氣在現場排隊，祈禱有人取消可以候補囉！

網址：www.thecentralparkboathouse.com
地址：East 72nd St. & Park Drive North. New York, NY
電話：212-517-2233
交通：地鐵 B、C 線 → 81 St-Museum Of Natural History
時間：Mon-Fri 12pm - 4pm.；5：30 pm - 9：30pm（4 月 -11 月）
　　　Sat-Sun 9：30am - 4pm；6 pm - 9：30pm（4 月 -11 月）

草莓園 Strawberry Fields

　　靠近 72 街的公園入口，是為了紀念搖滾樂團，「披頭四」成員約翰‧藍儂的草莓園（他曾經寫過一首「永遠的草莓園」）。1980 年藍儂在達科芬大廈前，遭到瘋狂歌迷襲擊，遇害身亡，達科芬大廈便是在 72 街上。或許是因為從達科芬塔上，可以清楚看到這塊地，他的遺孀小野洋子在他過世後，出資整修了這個地方，地板上的瓷磚鑲嵌著「Imagine」，是藍儂的另一首作品。這首歌訴說著一個大同世界，所以這個地方，也有人稱為「國際和平公園」，象徵著國際和平的地標。

　　雖然我們不是披頭四的樂迷，但還是耳聞過這位搖滾樂壇的靈魂人物。來到中央公園，也就順便來看看他的紀念園，那天的草莓園很熱鬧，遊客除了爭相在照相，也獻上鮮花紀念這位傳奇的音樂人。

交通：地鐵 B、C → 81 St - Museum Of National History

大都會博物館 The Metropolitan Museum of Art

位於上東區的大都會博物館，與英國大英博物館及法國羅浮宮，並列為世界三大博物館。1972 年開幕，一開始是期望能夠給予美國公民，有關藝術與藝術教育的熏陶，於是許多商人、思想家及藝術家，興起建立美術館的念頭，在收藏品越來越多且多元化之下，現在的大都會博物館已經是當年的 20 倍大。

既然來到紐約，當然不能錯過這個展出超過兩百萬件，來自世界各地藝術品的地方，若有時間又對藝術非常有興趣，花上一整天在這都會嫌不夠。但如果跟我們一樣時間有限，只想挑幾樣重點欣賞，大概兩至三小時左右。

大都會博物館還可以分成兩個區域，一個是位在上東區的主館，另外一個則是在上城區崔恩堡修道院（Bonnefort Cloister）的第二分館。崔恩堡修道院的分館，主要是展出中世紀的藝術品；其他種類的展覽品都在主館，包括歐洲雕塑及裝飾、希臘及羅馬藝術、埃及藝術、歐洲繪畫……等，從史前時代到現代藝術應有盡有。其中埃及藝術區還有一座丹德神廟，是把埃及真跡完完全全搬過來，是座千年古蹟，非常受到歡迎；歐洲繪畫區更有許多世界級的大師的作品，也千萬不可以錯過。

　　想事先查詢博物館路線，可以上官網查詢，到現場也可以拿到博物館簡介，甚至還有中文版喔！

網址：www.metmuseum.org

地址：1000 5th Ave. New York, NY（5th Ave. 與 82th St. 交會）

電話：212-535-7710

交通：地鐵 4、5、6 線 → 86 St

　　　（出站後，往西走三個街口至第五大道，在往南過四個街口，約 10-15 分鐘）

時間：Tue-Thu 9：30 am - 5：30 pm ； Fri and Sat 9：30 am - 9：00 pm

　　　Sun 9：30 am - 5：30 pm ； Mon 公休

票價：成人 25 美元、長者（65 歲及以上）$17 美元、學生 12 美元、 12 歲以下兒童免費（須由成人陪同）

Amber 小提醒

美國許多國家博物館都採自由捐獻入館，買票時跟售票人員說「donate」，並給他你希望支付的金額，就可以入場了！對於到美國旅行的人來說，可說是非常優惠！Amber 跟 Ivy 各付了一元美金進場。

美國自然歷史博物館 American Museum of Natural History

　　在中央公園的西側，也就是曼哈頓的上西區，也有一個世界知名的博物館—美國自然歷史博物館，是世界上規模最大的自然生態博物館。看過博物館驚魂夜的人，一定對它非常熟悉。來到這，就會很想找到電影裡，曾經出現的那些人物及景象，像我們就瘋狂的尋找，在電影裡發出「Dum-Dum」的復活島石像。博物館也很細心，在電梯的樓層簡介都放有照片，方便遊客搜尋。

　　當我們在 3 樓的最裡面時，遠遠就聽到小孩在喊著「DumDum」、「gumgum」，果不其然，終於讓我們找到它了，一了我們來紐約的心願，差點沒落淚。（有沒有那麼誇張……）

　　1869 年建立的自然歷史博物館，專門展示人類學、古生物學、生物學、隕石……等。其中最大的特色，就是對於各大洲哺乳類動物的標本收集，以及人類學的館藏。他也是全世界研究恐龍最知名的博物館，大廳上就可以看見兩隻恐龍代表，而它的人類起源館，也是全美唯一此領域的專項展覽，展示了人類進化過程中的各個階段。

網址：www.amnh.org

地址：725 Central Park West New York, NY

電話：212-769-5100

交通：地鐵 B、C 線 → 81 St-Museum Of Natural History

時間：Mon-Thu 10 am - 5：45 pm；Fri-Sat 9：30 am - 9 pm

　　　Sun 9：30 am - 5：30 pm

票價：成人 19 美元、學生 14.5 美元、2-12 歲孩童 10.5 美元

　　　（此票價只包括博物館及天文館，其他如太空劇場……等，需另外付費。）

　　　（美國歷史博物館也可以使用自由捐獻入場。）

到這裡當然要拍一系列借位的照片摟

自由女神 Statue of Liberty

　　自由女神是大家到紐約必去的地方！這個巨大的雕像，是法國送給美國建國一百週年的禮物！1884 年，法國把雕像分解裝箱，橫越大西洋送到曼哈頓，1886 年 10 月 28 日，自由女神由當年美國總統 Grover 揭幕，在哈德遜河（Hudson River）的自由島上，象徵著美國自由與新共和。

　　自由女神戴著象徵世界七大洲，及五大洋的七道尖芒的頭冠，舉著亮度達一萬瓦的火炬，左手拿著刻著美國獨立紀念日的法典，站在這裡 100 多年了！而在 2011 年 10 月 28 日她 125 歲生日這天，她得到了 5 台高科技網路攝影機，作為生日禮物，它們被安裝上女神手中的火炬上，可以 24 小時網路即時觀看曼哈頓的美景，還可以聽到風聲呢！

網址：www.earthcam.com/usa/newyork/statueofliberty

如何買票

　　如果要前往島上一睹女神風采，千萬別到現場再買票！因為人潮眾多，網路買票才聰明！請照著以下步驟教你輕鬆買票！

網址：www.statuecruises.com

1. 選「Satatue of Liberty & Ellis Island Tickets」

2. 選擇出發位置「New York」，「Reserve Only」（3-Day Flex Ticket 是 3 天彈性票，選擇第一天的時間，3 天內皆可使用），按下「Buy Tickets」。

3. 點小日曆選擇你要的時間日期，填上張數，點「Add to cart」。

4. 確認購物車的明細，選擇你的取票方式。如果有印表機可自行列出，到現場後可以免去排隊取票，更為快速歐！之後填寫姓名及帳單地址等資料，依照步驟即可完成購票。如果為現場取票者，記得抄下取票號碼。

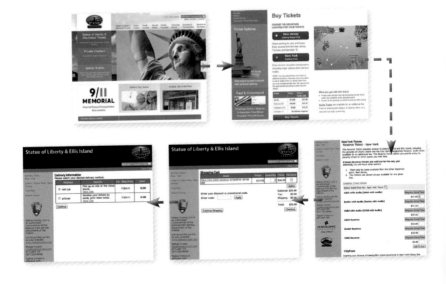

　　搭乘紐澤西小姐號（Miss New Jersey）前往 Ellis Island，抵達小島後，隨著人潮走向自由女神。這裡可以看到曼哈頓島的天際線，遊客紛紛拿出相機捕捉這美麗的畫面。看完女神外觀後，憑網路購買的票可以進入基座參觀。本來以為看自由女神應該一小時就好了，但這裡實在太殺底片了，不知不覺就待了兩個小時。對了！這裡有間紀念品店，而且價格還算合理，快去買點紀念品，回台灣炫耀一下你來找過自由女神歐！

　　除了花錢買船票一睹女神風采，還有另一個方法不用花錢！可坐地鐵 1 號線往 downtown 的終點站 South Ferry。但就不能登島跟女神近距離拍照，也不能參觀基底了歐。

網址：www.statuecruises.com

地址：Ellis Island, Jersey City, NY, United States

電話：877-523-9849

交通：地鐵 4、5 線 → Bowling Green，到 Battery Park 搭乘 MISS NEW JERSEY

時間：9am - 5pm

華爾街 Wall Street

現今的華爾街,可以說是美國金融業的代名詞,所指的不僅是華爾街
這條街,而是這附近整個金融區。滿滿的商業大樓、證券交易所,雖然在
911 之後,許多公司已經把總部遷離這裡,但華爾街一詞,還是借指對整
個美國經濟,具有影響力的金融市場和金融機構。

銅牛 The Charging Bull

在股票市場中,牛市代表開紅盤,而這隻銅牛更是代表著華爾街,傳
說摸到這隻牛可以帶來財運。來到華爾街,雖然對金融業沒有興趣,但人
人都想賺錢,當然要來摸摸這隻好運的吉祥物。我們在紐約期間,剛好遇
上了華爾街示威遊行,雖然沒遇到示威抗議的人,但銅牛卻
因此被隔離了起來,我們也只好在柵欄外,與這
個象徵華爾街的吉祥物拍拍照,以示我們真的
有到此一遊。

這座銅牛,起初放在紐約證券交易所的人行
道上,後來才搬到現在的位置,也就是百老匯大
道與華爾街的交會處。

交通:地鐵 4、5 線 → Bowling Green
　　　(出站往北邊走,就會看到)

三一教堂 Trinity Church

　　在美國，無論在何處都可以看到教堂的身影，連在華爾街這個金融地區都不例外。位在華爾街上的三一教堂，是聖公會紐約教區的一座古老教堂，也是美國最富有的教堂，現今已被列入國家史跡名錄，許多名人、偉人都長眠於此。在 19 世紀時，三一教堂曾是紐約最高的建築，而現在我們所見到的它，已經是第三次重建後的樣貌。

網址：www.trinitywallstreet.org
地址：79 Braodway West New York, NY
電話：212-769-5100
交通：地鐵 4、5 線 → Wall St
時間：9 am - 6 pm

聯邦國家紀念堂 Federal Hall National Memorial

　　在紐約證券交易所斜對角的聯邦國家紀念堂，在美國史上留下不少精采的紀錄。1789 年，紐約還是美國的首都時，美國國父華盛頓就是在此宣誓就職，門口的銅像就是華盛頓總統，之後也曾經作為紐約市政府。而現在，這座希臘式的建築，則為展示美國憲法的紀念堂，除了開放民眾免費參觀外，也常常舉辦免費的藝文活動。

地址：26 Wall Street New York, NY

電話：212-825-6888

交通：地鐵 2、3 線 → Wall St

時間：9 am - 5pm

中央車站 Grand Central Terminal

　　來到紐約，即使時間非常緊迫，也沒有要搭火車，還是不能錯過紐約重要的歷史地標－中央車站，也是美國熱門影集花邊教主（Gossip Girl）中，片頭都會出現的車站。它是世界上最大的火車站，更是全世界最大的公共空間，擁有 44 個月台和 67 條軌道，由美國鐵路大王范德比爾特（Cornelius Vanderbilt）出資建造。它同時也被列入，國家歷史文物保護名冊之中。

　　自 1913 年啟用以來，每天都湧入約四十萬人進出，也吸引世界各地的觀光客前來參觀，雖然經過歲月的洗禮，已經有些老舊，但反而讓它古典的風格更有味道，我們走進大廳時，都不敢相信這座將近百年歷史的車站，看起來卻還如此金碧輝煌。

　　中央車站除了令人印象深刻的雄偉外觀外，它大廳拱形天花板上的星空圖，也十分有名。藝術家黑魯（Paul Helleu）把天花板繪製成黑夜星空的樣子，標示了星星與星座，果然吸引了許多觀光客駐足欣賞，找尋屬於自己的那片星空。在 911 事件後，拱頂下也掛著一面巨大的美國國旗，象徵紐約人共同的情感與記憶。

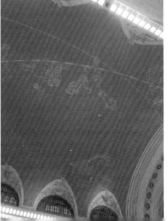

　　在 1999 年中央車站全面整修，雖然沒有大動作改建，卻因此在候車大廳下，多了許多商店與餐館，從高級餐廳到速食店，在這都可以找的到，甚至還有來自世界各國的料理，對於來來往往的乘客，又多了許多的選擇，非常方便。

網址：www.grandcentralterminal.com
交通：地鐵 S、4、5、6、7 線 → Grand Central 42 St
時間：5：30 am - 1：30 am

5-4 必訪勝地—尼加拉大瀑布 Niagara Falls

　　在美國紐約州和加拿大的交界處，有一個世界奇景，那就是世界三大瀑布之一尼加拉瀑布。其磅礡的氣勢及爆發力，吸引了來自世界各地的遊客，成為紐約州的重要景點之一。

　　尼加拉河帶著美國四大湖的水，匯流至安大略湖。從上游觀看，不過是涓涓細流，可是匯集後的水量卻大為驚人，成為一股奔騰不息的巨流，流到了懸崖，一瀉千里，超過 180 英尺的高度，再加上洪流的巨大衝力，沖刷出 7 公里長的峽谷，澎湃的氣勢，猶似千軍萬馬，在峽谷迴盪不已。

　　尼加拉瀑布又可分為三個部分，分別是美國瀑布（American Falls）、新娘面紗瀑布（Veil of the Bride Falls）及馬蹄瀑布（Horseshoe Falls）。但其實要觀看到尼加拉瀑布全貌，最好過個橋，到對面的加拿大，在美國境內可以看到的，只有整座瀑布的百分之十，如果有機會，當然是到對面看看整座瀑布的雄偉。但如果只能待在美國，那就穿上雨衣吧！為了讓旅客能親身體驗，美國瀑布旁的棧道是可以行走的，享受瀑布水珠飛濺到身上的感覺，或許比起在加拿大的看台觀看，更具臨場感喲。

　　Amber 與 Ivy 因為太喜歡紐約，完全找不到時間可以插入三天兩夜或者兩天一夜的瀑布行程，所以尼加拉瀑布也成了我們的遺珠之憾，只能聽著特派員 Ivan 說著那裡有多美、多震撼，然後在內心想著下次一定要去。就讓我們跟著特派員 Ivan，一起去感受尼加拉瀑布的美麗與氣勢吧！

特派員 /Ivan

尼加拉瀑布

　　因為無法自行前往尼加拉瀑布（沒有人開車），我們便在法拉盛找尋套裝行程，最後我們選的是尼加拉瀑布－康寧玻璃中心 2 日遊，從紐約出發。行程一個人 135 美元，只在美國境內，沒有到加拿大，套裝行程包括車費及住宿，其他像是搭船、看 IMAX 電影及吃飯都是另外自費的。

　　第一天早上出發，大約七小時，才到達尼加拉瀑布，都來到這裡了，只在瀑布旁走走，就太可惜了！於是我們自費登上「霧中少女號」遊船，零距離的感受瀑布那千軍萬馬，雷霆萬鈞之勢。繞一小圈後，會到一個山谷下簡單的換裝，有雨衣還有涼鞋，讓你可以到小瀑布的下游，沿著規劃出來的步道，感受一下從天而降的瀑布水珠。在這邊照相要特別小心，眼前四散的水滴，非常容易讓相機受潮，所以拍照時一定要小心。

　　接下來便會帶大家去看 IMAX 電影（這也是另外自費的），影片介紹著尼加拉瀑布的傳奇故事，如果英文夠好，對瀑布歷史又很有興趣的人，可以參加。可惜我的英文沒那麼厲害，全程都只能欣賞圖片，也沒有太大的震撼，個人認為不一定要花錢看這影片啦！

　　晚上住的飯店，是離瀑布最近的旅館，聽說有 4 星級，是間還不錯的旅館。片刻休息後，就可以到外面走走，看看附近的區域，晚上的尼加拉瀑布，經過霓虹燈光的投射，變身為七彩瀑布，又是種不一樣的感覺。

　　隔天起床就準備回程，中間會去一個康寧玻璃中心，看看玻璃的藝術品，現場還會安排玻璃的製作，接著才返回紐約。兩天一夜的行程，很快就過了，而尼加拉瀑布的宏偉氣勢，卻讓我難以忘懷，來到紐約，有時間一定要來趟尼加拉瀑布之旅，絕對會是一場非常值得且讓人永生難忘的旅程。

縱橫旅遊：www.lltours.com/cn

（這是我們參加的旅行社，有很多行程提供大家參考，法拉盛也有許多選擇。）

5-5 血拼好去處

第五大道 Fifth Avenue

說到紐約逛街購物，第一個想到的就是第五大道，北起 138 街至南端的華盛頓公園，是全美國最知名的精品街，各家精品名店都想在這插上一腳，許多品牌的旗艦店也都選擇在這落腳。雖然說第五大道上的精品店，隨便都是萬元起跳的商品，我們無法大肆血拼，但看看這些美麗的櫥窗，逛逛這些世界精品店，想像著慾望城市的凱莉，也算是一種享受。

當然第五大道上，還是有許多我們也買得起的店，像是在台灣 A&F、Forever21、ZARA……等，還有蘋果旗艦店 Apple Store、迪士尼專賣店、NBA 專賣店……等，一整條路上，都是讓人目不轉睛的商店，總是讓人不知不覺走過好幾個路口，也不覺得累。

我們到第五大道那天，正好遇到週末大遊行，封街的路上都是花車及歌唱表演，雖然很新鮮有趣，卻也因此交通管制，過個馬路非常麻煩。那幾天因為賈柏斯過世，在蘋果旗艦店外的廣場，放滿了鮮花、水果，牆上更貼滿了彩色的便利貼，全部都是民眾對他的思念與不捨，在感嘆一個偉人的離開同時，也不禁欣賞美國人這種表達思念的方式，非常可愛又有創意。

5Av/59 St
N Q R
Ⓜ

59th St

⭐ Apple Store

58th St

Ⓜ LV

57th St

⭐ Tiffany & CO.

Prada ⭐
A&F ⭐

⭐ Trump Tower 川普大樓
⭐ Gucci

56th St

Ⓜ Disney Store

55th St

5Av/53 St
E M
Ⓜ

⭐ Zara

54th St

Moma ⭐ Gap ⭐

⭐ Fendi
⭐ Nine West

53rd St

NBA ⭐

52nd St

⭐ Caitier

51st St

⭐ Versace

⭐ A | x

⭐ St. Patrick's Cathedral
聖派區克大教堂

50th St

蘋果旗艦店 Apple Store

　　即使不是蘋果迷，也要來參觀全球最齊全的蘋果商品，看看小小一顆蘋果，到底有什麼魔力，讓這麼多人癡迷。

Abercrombie & Fitch

　　深受美國年輕人喜愛的 A&F，近年來越來越受到台灣年輕人的注意。但來到店裡，最精采的不是那琳瑯滿目的商品，也不是夜店般的音樂及裝潢，而是站在門口吸引人潮的帥哥美女。通常派出的男生，都會赤裸上半身，露出健美身材；女孩都是短裙，露出修長的美腿，許多人都是因此走進店裡的。來店的顧客，還可以免費與門口的模特兒拍照，A&F 還會送上特製拍立得，真是收買人心的好手法。

　　偷偷的說，A&F 不只門口的模特兒吸睛，所有的店員都是精心挑選過的，甚至在店內會隨音樂起舞，非常有活力，Ivy 覺得站在門口管制的店員超帥氣，也跑去跟他合照，頓時化身成小少女。

Tiffany 珠寶店

　　第五大道上的 Tiffany 是全球總店，也是電影第凡內早餐中著名的場景。總店有 7 層樓高，對外營業開放共 6 層，每層所販售的商品及價位都不相同。早在去之前朋友就說，只要去逛四樓就好，其他樓層都不是你們買的起的，於是我們也很有自知之明的，乖乖往四樓前進。

　　Tiffany 的電梯先生都非常友善，無論客人是誰，都微笑面對且溫柔提醒，而在美國的 Tiffany 比起台灣，價格當然是優惠許多，經典款的小型相思豆項鍊，及一些基本款的項鍊，售價都約 100 美金，如果真的想在這帶些紀念品回去，其實也是可以小小敗家一下。

聖派屈克大教堂
St. Patrick's Cathedral

　　紐約最大也最華麗的教堂，也是美國境內最大的天主教堂，哥德式的建築卻有著現代化的設備，也是慾望城市電影版，凱莉跟大人物舉行婚禮的地方。有時間的話，可以來看看這座美麗的教堂。

交通：地鐵 N 、R 、W 線 → 5Av/59 St

Century 21

　　為何要特別介紹 Century 21 這間百貨呢？因為我們要帶大家買便宜嘛！這間五十年老店在紐約有五間，我們去的是 Downtown 這間，來之前要有點心理準備，因為這裡的櫃位設置，令人有種雜亂的感覺。

　　它分為鞋子與百貨兩間，但裡頭有相通。如果你想挖到好貨，那必須留點時間，在繁雜的商品中搜尋！一大堆衣服，雜亂的掛在架上，看起來一點也不高級，但其實都是台幣上萬元的高檔貨，在這竟然只要半價。

　　Amber 在這裡買了個 CK 的行李箱，只要 95 美元！Ivy 發現這裡的男性 CK 內褲，比 OUTLET 還便宜！另外像是洋基球場特派員 Eric，就買了好幾件 CK 襯衫，聽說也很便宜。Tommy Hilfiger 內衣及皮夾也都才 15 元，真不知道台灣在貴什麼的！

　　如果不想大老遠跑去 Woodbury Outlets，那就來市區的 Century21 撿便宜，包你有所收獲！

【市中心區（Downtown）】

網址：www.c21stores.com

地址： 22 Cortlandt Street New York, NY 10007（bet. Church & Broadway）

電話：212-227-9092

地鐵：N、R → Cortlandt St；4、5 → Fulton

時間：Mon-Fri 7：45am - 9pm（Thu.Fri - 9：30pm）；
　　　Sat 10am - 9pm；Sun 11am - 8pm

【瑞格公園（Rego Park）】

網址：www.c21stores.com

地址：61-63 Junction Blvd Rego Park, NY 11374

電話：718-699-2121

交通：E、M、R → 63 Dr. Rego Park

時間：Mon-Sat 10am - 9:30pm；Sun 11am - 8pm

才買幾小時的戰利品

OUTLET

WOODBURY OUTLETS

　　來到紐約這個時尚之都，一定要大買特買！不過時尚精品這麼貴，我們旅費有限的情況下，當然選擇便宜又時尚的 Woodbury Outlets ！

　　相較於同集團奧蘭多的兩間 Outlets，Woodbury 的歐系精品較多，而且更大。裡面超過 200 間店，缺點是人太多，而且下雨沒地方避雨。所幸 Ivy 跟 Amber 去的那天是平日，連載我們去的司機，都說我們很幸運，不然平常 COACH 還要排隊入店呢！

　　其實紐約離 Woodbury 大約一小時的車程，而我們住的法拉盛，有很多店家都有賣行程，我們問了一間，他有固定班次來回，比較適合行程比較隨性的讀者。但我們當天預計去看百老匯，又要去吃甜點，行程很緊繃，需要一台專車（聽起來好像很跩，哈哈！）。透過友人得到一位徐先生的電話，來回 40 元一人，相較於法拉盛的行程 35 元，是貴一點，但你可以控制時間，不用擔心交通車遲到的問題。徐先生還提供了 coupon，而且幫我們保管戰利品，等我們看完百老匯都快 12 點了，再將戰利品送我們回到住的地方，非常貼心歐！

網址：www.premiumoutlets.com/outlets/outlet.asp?id=7

地址：498 Red Apple Court Central Valley, NY 10917

電話：845- 928-4000

時間：10am - 9pm（詳細以官網為主）

交通：徐先生：646-431-1588，40 美元＋小費

　　　紐約心民宿：718-877-5535；40 美元

　　　Coach USA 公車：42 美元；有固定班次，請先上網查詢。

　　　www.coachusa.com/shortline

TANGER OUTLETS

　　除了 Woodbury 以外，Tanger 也是個很棒的購物勝地！為什麼呢？因為它是室內賣場，就算下雨也不怕，而且有免費 Wi-Fi，如果你有智慧型手機，就可以跟台灣的親友 Skype 連線：「媽，這個 COACH 包現在 5 折結帳再打 7 折，快點決定歐！」記得線上加入會員，還要記得帶護照去！因為有折扣又有 COUPON。

　　如果你沒有要買歐系精品，美系的品牌這間幾乎都有，且人潮沒 Woodbury 多！但兩間的車資是差不多的。

網址：www.tangeroutlet.com
地址：200 Tanger Mall Drive Riverhead , NY 11901
電話：631-369-2732 or 800-407-4894
時間：Mon - Sat 9am - 9pm；Sun 10am - 8pm
交通：Hampton 巴士，約兩小時。車資來回 40 美元。
　　　（詳細資訊請至：www.hamptonjitney.com/tanger）
　　　紐約心民宿：718-877-5535；40 美元

知名品牌

American Eagle Outfitters	Esprit	Old Navy Outlet
Banana Republic Factory Store	Gap Factory Store	Polo Ralph Lauren Factory Store
Bath & Body Works	GUESS Factory Store	Tommy Hilfiger
BCBGMAXAZRIA	kate spade new York	Timberland Factory Store
Calvin Klein	Levi's Outlet	UGG Australia
Carter's	Michael Kors	Victoria's Secret Outlet Stores
Coach Factory	Nike Factory Store	
Ed Hardy	Nine West Outlet	
	Nautica	

TOPSHOP 裝潢擺設都好酷，很有英式的味道

Soho 蘇活區

蘇活區「Soho」是 SOuth of HOuston 的簡寫，於曼哈頓的休士頓街（Houston St.）以南，第六大道至百老匯大道，共十個街道組成的區域。以前因為地價便宜，許多藝術工作者在此成立工作室、畫室，形成了具有人文藝術氣息，而且兼具創意的一個區域。現在的 SOHO 有許多精品名店入駐，也是個高消費的地方，但不同於第五大道，這裡有很多頗具特色的小店，連國際精品店也融入 SOHO 味道，到了時尚之都，一定要到 SOHO 來場視覺的饗宴。

雖然這裡有許多國際精品，但我們的重點是全美「唯二」的 TOP-SHOP，一間在芝加哥，另一間就在 SOHO（Las Vegas 店即將開幕），所以到此我們的目的地，就是 TOPSHOP！我們原本預計逛完 TOPSHOP，就開始逛特色小店。但誰知道一逛不可收拾，天色也漸黑，特色小店沒看幾家，實在有點可惜。對藝術設計方面有興趣的讀者，不妨花個半天的時間，來這個連空氣都好藝術的地方逛逛。

跳蚤市場

地獄廚房跳蚤市場 Hell's Kitchen Flea Market

　　出國挖寶一直是 Ivy 很期待的事，常電視上看到美國家庭，會在自家庭院擺起舊貨出清（yard sale），實在讓我好嚮往，因為台灣都沒有。當然這種 yard sale 是可遇不可求，所以這次到紐約知道有跳蚤市場，就決定要去看看，美式的二手商品有多酷！

　　我們買的旅遊書上，只介紹了地獄廚房跳蚤市場，雖然不是很大，但是在這裡有賣一些家具、畫作、服飾、包包……等，很多各式各樣的東西，不過大概一個小時左右，就可以逛完了。大家都沒有買什麼東西，但在哪裡都可以花錢的 Ivy，還是買了幾樣商品。回到台灣才發現紐約有很多的跳蚤市場，Ivy 都整理出來了，讀者可以依照自己安排的行程，去選擇最近的跳蚤市場。

網址：www.hellskitchenfleamarket.com
地址：West 39th St. 9th & 10th Ave. 中間
交通：地鐵 A、C、E → 42nd St. / Port Authority Bus Terminal
時間：Sat.Sun 10am - 6pm

車庫跳蚤市場 The Antiques Garage

　　這個跳蚤市場平日是停車場，假日則是跳蚤市場，販賣商品相當多元，珠寶、服飾、書籍、家具、古董，甚至還有販賣美國罪犯的照片！真是太酷了！

地址：112 West 25th St. 6th.7th Ave. 中間
交通：地鐵 1、2、F、M → 23rd St.（F、M 線較近）
時間：Sat.Sun 9am - 5pm

Green Flea

　　上西城最大的跳蚤市場，有很多上好的二手貨，珠寶首飾、編織品、家飾品、二手皮草與貂皮大衣等、古董畫與藝品。

網址：www.greenfleamarkets.com
地址：Columbus Ave. 76th & 77th St. 中間（自然歷史博物館附近）
交通：地鐵 1 → 79th St ； 地鐵 B、C → 81st
時間：Sun 10am - 6pm（4 月 - 10 月）；10am - 5：30pm（11 月 - 3 月）

Artists & Fleas

自 2003 在布魯克林區開賣，是許多設計人的愛，有不少手工藝品，也可以一窺布魯克林區的街道塗鴉，非常值得一逛。

網址：www.artistsandfleas.com
地址：129 N. 6th St., Brooklyn, NY 11211
交通：地鐵 L → Bedford Ave
時間：Sat. Sun 12pm - 8pm

布魯克林跳蚤市場 Brooklyn Flea

布魯克林區的跳蚤市場也相當有名歐！有許多獨立藝術家的作品和二手衣，喜歡設計的讀者千萬別錯過優。

Williamsburg

網址：www.brooklynflea.com
地址：27 North 6 Street, Brooklyn, New York, NY
交通：地鐵 L → Bedford Ave，步行約 10 分鐘。
時間：Sun 10am - 5pm

Skylight One Hanson

網址：www.brooklynflea.com

地址：1 Hanson Place（at Ashland Pl.），Brooklyn, NY 11217

交通：地鐵 2、3、4、5、B、Q → Atlantic Ave.

　　　地鐵 D、N、R → Pacific St.

時間：Sat.Sun 10am - 5pm

感謝部落客孫加味 (blog.yam.com/chia0302) 提供照片

Fort Greene

網址：www.brooklynflea.com

地址：176 Lafayette Avenue, New York, NY

交通：地鐵 G → Clinton - Washington Avs

時間：Sat 10am - 5pm

5-6 延伸景點

特派員 /Eric

來到傳說中的豪華球場一定
要馬上來張合照!!

洋基球場

　　來到紐約，熱愛棒球的球迷，
當然不能錯過洋基棒球場，因為
Amber 與 Ivy 不太懂棒球，這個
單元就交給專業的球迷－特派員
Eric，帶大家一睹洋基球場的風
貌。

這就是 100 美金的視野，其實還 OK 有個
大銀幕可以看，重點是那氣氛真的會讓愛
看棒球的同好瘋掉!!

和我們中華職棒真的差太多了⋯⋯ 這就是熱愛棒球的人們！！

　　人在棒球的起緣地，沒去看一場道地的美國職棒大聯盟 MLB，真的是別說你是棒球愛好者！沒錯，來到紐約，就一定要撥出時間去洋基球場，看一場精采的棒球比賽！

　　我想大家出發看球前，一定會有很充裕的時間，去做一些基本的調查，包含訂票、票價查詢、對戰組合⋯⋯等，這些你所需要知道的資訊，全部都在 MLB 的官方網站裡。即使美國沒有 ibon 訂票取票，也是一樣的方便，記得喔！當你訂票完成後，它會寄電子檔給你，要記得把它給印下來喔！在這邊值得一提的是，當你訂票時沒去過球場，不知道角度和位置為何，怎麼辦？別擔心，官方網站都幫你想好了，他們有一個 360 度的模擬視野，讓你知道購票位置的觀看視野。

　　至於票價的問題，就要看隊長組合而定了，如果對戰組合不是很熱門，那相對的票價就便宜許多。舉例來說，相同的位置，在熱門的對戰組合時，一張在中後方位置的票價，大概就要 100 美金左右，但冷門組合時，卻大約只要 20-30 美金。在這裡和大家提醒一點，基本上洋基球場很大，就算是後面一點的位置，視野也是相當不錯的。接下來就帶大家去球場，感受一下不一樣的氣氛吧！我相當的幸運，可以遇到黃金對戰組合，也就是基襪大戰！但就像我說的一樣，票價實在不便宜，不過難得來一次紐約，又可以看到這樣的對戰，100 美金的門票，我毫不猶豫的買了。

　　從紐約坐地鐵到球場，是非常方便的，因為那站的名字就叫「洋基球

場（Yankee Stadium）」，我想應該每個人都知道怎麼過去了。從時報廣場上車，坐過去車程大概半小時，我建議大家可以提早 1-2 個小時過去，因為如果你是洋基迷的話，在他們球場周邊還有一個球員紀念公園可以去逛逛！

網址：newyork.yankees.mlb.com/nyy/ballpark/index.jsp
地址：One East 161st Street, Bronx, NY 10451
電話：212-769-5100
交通：地鐵 B、D、4 → Yankee Stadium

你沒看錯，他就是籃球大帝喬登 !!! 沒想到看棒球還有機會遇到大明星 !!

（顏色上紐約是紅配藍，台北 101 則是紅配金）

LOVE

　　散布在世界各地的 LOVE，是美國普普藝術大師羅伯特 · 印第安那（Robert Indi-ana）的作品。第一個座落於費城的作品，是美國為了慶祝獨立 200 週年而設置的裝置藝術。除此之外，紐約、波士頓、英國、西班牙、上海、東京……等世界著名城市，都可以見到它的身影。2006 年也前進台北，落腳於 101 建築外邊，成為 101 的新地標之一。

　　羅伯特 · 印第安那希望藉由他的裝置藝術，用舉世共通的「愛」，拆除東西文化、種族、本土與國際的藩籬，彷彿發聲祈祝世界和平、共榮。如果有機會再到其他有「LOVE」的城市，以此收集一系列的「LOVE」，也算是留下另類的回憶。

交通：地鐵 F → 57 St（6th Ave. 與 57 St. 交會口）

現代美術館 MOMA

　　除了大都會博物館及歷史博物館外，紐約還有許多大大小小的博物館，其中現代美術館就是其中之一。相較於大都會博物館，它展示的作品近代且前衛，其收藏品雖然沒有大都會博物館來的豐富，卻擁有許多近代大師的作品，如安迪‧沃荷、雷夫、巴格許、傑克森……等。除此之外，也擁有像梵谷、畢卡索、達利……等繪畫大師的作品，精采度可是不輸大都會。如果時間充裕，就安排一趟 MOMA 之旅，讓自己盡情享受紐約的藝術洗禮吧！

　　不過要是對藝術品沒有太深入研究的人，還是建議以大都會及歷史博物館為主，因為 MOMA 的作品，比較適合有藝術深度的人觀賞。我們因為時間太緊湊，沒有把它排進行程內，只好希望下次有機會能再次造訪。

網址：www.moma.org

地址：11 West 53 Street New York, NY 10019

電話：212-708-9400

交通：地鐵 E、M → 5th Ave./ 53 St

時間：Mon、Wed、Thu、Sat、Sun 10：30 am - 5：30 pm

　　　Fri 10：30 am - 8：00 pm（下午四點到晚上八點免費入場；Tue 休館）

票價：成人 25 美元、65 歲以上 18 美元、學生 14 美元、16 歲以下免費

帕森設計學院 Parsons The New School for Design

1896 年成立的 Parsons，位在紐約第五大道上，無論在學術界及業界均享有盛名，它設有藝術、音樂、戲劇、管理、設計……等八個學院。學校重視創新、藝術與設計。畢業生與校友遍布歐美時尚界，像是 Marc Jacobs、Tom Ford，以及台灣橙果設計的設計師－蔣友常，都是帕森設計學院的校友。帕森設計學院的師資，多為業界頂尖設計師，除了要學生面對設計的技術挑戰，更要求學生從服裝歷史理論中，學習時尚的社會性。

Amber 跟 Ivy 在升大學那一年，因為看了「決戰時裝伸展台」（Project Runway），而知道了這間學校，後來唸了服裝，更是對這間設計學院，感到興趣。能在這唸書的學生，身處於時尚之都，接觸第一手的品牌資訊，實在令人羨慕又佩服。

如果對流行時尚及名設計師有興趣的人，來到紐約，千萬別錯過帕森設計學院。雖然 911 之後戒備較為森嚴，進入可能要憑藉證件，但如果剛好遇到展覽，絕對會非常值得造訪。

網址：www.newschool.edu/parsons
地址：66 Fifth Avenue New York NY 10011
交通：地鐵 L → 6 Av（往第五大道方向）
　　　地鐵 F、M → 14 St

紐約公共圖書館 New York Public Library

　　紐約公共圖書館為世界五大圖書館之一，1911 年落成開放，門前有兩個石獅，為「阿斯特獅」和「萊努克斯獅」，後來又稱為「阿斯特先生」和「萊努克斯夫人」（但明明兩隻都是公獅）。在紐約經濟大蕭條時期，市長為了鼓勵市民，又將這兩座石獅取名為「忍耐」和「堅強」。紐約市民習慣根據它們的位置，俗稱左面的（北方）為「上城」，右面的為「下城」。我們經過的時候，很想進去看看「明天過後」這部電影的拍攝場景，但因為那時候是晚上，只能坐在階梯上，假裝很有閒情逸致的拍照。

網址：www.nypl.org
交通：地鐵 7 → 5th Ave.

布魯克林大橋 Brooklyn Bridge

　　布魯克林大橋，接連了曼哈頓區與布魯克林區，它讓原本只能靠著海上交通，彼此往來的布魯克林區及曼哈頓，有了新的往來路線。它曾有許多世界第一的世界紀錄，例如它曾是世界最長的吊橋，也是第一座以鋼材建造的橋樑。布魯克林橋分成三層，最上層提供民眾散步及腳踏車通行，在橋上你可以看到整片的曼哈頓高樓，是許多觀光客喜愛的景點。

　　但真正可以看到整片曼哈頓，甚至連自由女神都看得見的地點，其實是在布魯克林大橋另一端，也就是布魯克林高地（Brooklyn Heights Promenade）。許多人會直接走過布魯克林大橋，過橋後約 5-10 分鐘的路程，就可抵達布魯克林高地，景色比起布魯克林橋又美麗許多，真的可以把整個曼哈頓都收入眼簾。

交通
【布魯克林橋】地鐵站：地鐵 4、5、6 → Brooklyn Bridge-City Hall
【布魯克林高地】地鐵站：地鐵 A、C → High St

帝國大廈 Empire State Building

　　帝國大廈在第五大道上，位在 34 街口。102 層樓高的帝國大廈，是紐約最高的建築物。86 樓的眺望台，可以俯瞰整個下城區的風景，因此成了紐約最受歡迎的觀景景點。帝國大廈靠它，一年至少吸引了 400 萬人次的遊客，創造了驚人的利潤。

網址：www.esbnyc.com/tourism.asp

地址：350 5th Avenue New York, NY

交通：地鐵 S、4、5、6、7 → Grand Central 42 St
　　　地鐵黃、橘 → 34 St Herald Sq

票價：【86 樓】成人 20.21 美元、6-12 孩童 14.7 美元、62 歲以上 18.37 美元
　　　【102 樓】成人 37 美元、6-12 孩童 31 美元、62 歲以上 35 美元

洛克斐勒中心 Rockefeller Center

　　石油大王洛克斐勒，在曼哈頓市區打造了一座娛樂中心，從第五大道到第七大道上，總共有 19 棟建築，美國國家廣播公司 NBC、通用電器公司 GE、溜冰場……等都坐落於此，也因此有了「城中之城」的封號。據說每天有 25 萬人進出，尤其到了聖誕節，它豪華又霸氣的聖誕樹，更是全紐約的重頭戲。而最主要的奇異電器大樓（GE Building）頂樓（Top of The Rock），也是著名的夜景景點。

　　70 層樓的高度，雖然沒有帝國大廈高，卻因為地形的關係，也能夠看到帝國大廈。另外，還可以參觀有關洛克斐勒中心的歷史展。我們就因為它可以看到帝國大廈，而選擇了洛克斐勒，還看到了一整片漆黑的中央公園，但後來發現，最顯著的反而是克萊斯勒大樓，它極具特色的外表，很容易讓人一眼就發現它。

　　洛克斐勒的電梯非常有趣，不像一般呆板的電梯，而是充滿了科技感。黑暗的空間裡，天花板播放介紹 Top of The Rock 的圖片，還不斷有光線變換，彷彿置身於夜店。

網址：www.topoftherocknyc.com

電話：212-698-2000

交通：地鐵 B、D、F、M → 47th–50thStreets Rockefeller Center

票價：成人 25 美元、6-12 孩童 16 美元、62 歲以上 23 美元

5-7 紐約美食特搜隊

杯子蛋糕 Magnolia Bakery

　　看過慾望城市的讀者一定知道這間！在戲中凱莉說，這是全紐約最好吃的杯子蛋糕！而且它在凱莉的家附近，你可以買完蛋糕，走到她家門口，拍個照留念吧！除了紐約，芝加哥、洛杉磯、杜拜都有分店，在紐約就有 5 間分店！

　　這間店的位置有點不好找，我們迷路了好久才找到 (讀者去之前一定要先規劃路線)，找到時候都晚上 10 點了，卻還是一堆人！Ivy 對甜食沒有特別喜愛，吃了巧克力布丁派，覺得有點太甜。Amber 覺得還不錯，但也覺得有些偏甜，比較推薦甜食愛好者來享用！聽說布朗尼（double fudge brownie）還不錯吃歐！

　　順帶一提，凱莉的家就在隔條的 Perry St.，慾望城市迷可別錯過！

網址：www.magnoliacupcakes.com

地址：401 Bleecker St New York, NY 10014
　　　（Bleecker St. 與 W11th St 轉角）

電話：212-462-2572

交通：地鐵 1、2 → Christopher St - Sheridan Sq-uare
　　　地鐵 1、2、3 → 14St.

時間：9am - 11：30pm（Fri.Sat - 12：30am）

Shake Shack 漢堡

　　這間漢堡店可是 Eric 特派員大推的店！2005 年曾被《New York》雜誌，評選為紐約最棒的漢堡！它創立於 2004 年麥迪遜廣場花園，現在分店不僅拓展到邁阿密，連杜拜都有了！當天逛完附近的 H&M，只想快點飽餐一頓，沒想到排隊的隊伍，從地下室排到一樓門外！

　　我們都吃了招牌必點 Shack Stack，取貨單上會打上你的名字，也算是一個紀念歐。漢堡裡頭有蘑菇，可自由選擇要不要番茄、洋蔥、酸黃瓜。正在大快朵頤的時候，我心想說：「不是有蘑菇嗎？怎麼都沒看到？」結果才發現那個黑黑的炸物，是用蘑菇包裹的，裡頭還有濃郁的起司，吃完真的好滿足歐！聽說他們的奶昔也很棒，可惜胃不夠大，裝不下它們。紐約有多間分店，請上網查詢。

【Upper East Side】

網址：www.shakeshack.com

地址：154 E 86th Lexington & 3rd Ave.

電話：646-237-5035

交通：地鐵 4、5、6 → 86 St.

時間：11am - 11pm

路邊攤

　　在紐約隨處可見小餐車，販賣的商品大同小異，都是熱狗、雞肉飯、shish kebab……等。相較台灣的路邊攤，紐約的路邊攤真的很沒創意。而且熱狗有點小，大概幾口就吃完，但 1.5-3 美元的價格，相較紐約這個貴死人的地方，算是很便宜了。我們住的地方 2nd Ave 站附近，有一間路邊攤還滿好吃的，它的獨家辣醬很不賴，在美國辣的食物不多，能吃到辣死人的東西，還挺令人懷念。

　　MOMA 附近的希爾頓飯店，對面有間 HALAL FOOD 是最有名的路邊攤，用餐時總是大排長龍，附近有盜版的別認錯！

Amorino 義式冰淇淋

　　你有想過平常吃的冰淇淋，不再是一球一球的嗎？在 Amorino，它們把冰淇淋變成了一朵花！

　　Amorino 來自法國，目前在國際上有多間分店，多集中在歐洲，美國只有紐約這一間，在歐洲人氣相當高，似乎是到法國旅遊必到的名店！你可以選幾個想吃的口味，店員就會把它做成一朵花給你。他們主打自然，不添加人工色素，每個口味都滿好吃的（除了櫻桃的味道不太討喜），Amorino Chocolate 的味道也滿不錯。它的鬆餅看起來也好好吃，總之，這間義式冰淇淋既有特色又好吃，一定要造訪一下！

網址：www.amorino.com
地址：60 University Place New York, NY
電話：212-253-5599
交通：地鐵 N、R → 8 St–NYU（最近）
　　　地鐵 L → Union Sq - 14 St
　　　地鐵 4、5、6 → 14 St - Union Sq
時間：11am - 11pm（Fri.Sat -12am）

LADY M CONFECTIONS

這間一定要大大推！！其實 Ivy 對甜食沒有很熱愛，對鹹的比較有興趣，只是剛好兩位朋友，不約而同的推薦這間，心想不去吃吃看怎麼行！

那晚剛從 Woodbury 血拼完，本擔心趕不上看百老匯，還好司機直接載我們到 LADY M，在它們打烊前十分鐘順利趕到，也這麼巧，這裡的招牌千層蛋糕（Mille Crepes）還有剩幾片。一片 7.5 元。我們吃下的第一口，真的就像美食節目主持人一樣，瞪大了眼說：「怎麼這麼好吃！」不甜不膩，一層一層的薄餅，每片都融化我的心，這真的是 Ivy 吃過最好吃的蛋糕。不信你上網搜尋，所有人都誇張的說好吃！

LA 特派員 David 的朋友，還曾經花 90 元的運費，空運寄過去呢！載我們過去的徐先生，也買了幾片給老婆跟小孩，好吃到還打給我說，千層蛋糕真的很好吃。我相信我有生之年，一定還會為了它再來紐約一次。

網址：www.ladymconfections.com
地址：41 East 78th St. New York，NY 10021
電話：212-452-2222
交通：地鐵 4、6 → 77 St.
時間：Mon- Fri 10am - 7pm；Sat 11am - 7pm；Sun 11am - 6pm

IchiUmi 吃到飽

　　這應該是韓國人開的日本料理！因為店員都說韓文，實在有點奇妙！為了這個貴死人的一餐，我們幾乎餓了一整天，沒想到還要排隊……。要去吃的讀者，請記得提前預約，才不會像我們一樣，差點餓死在門口！

　　除了生魚片、各式海鮮料理，這裡還有壽喜燒、現做法式薄餅、湯麵……等，將近 200 道的菜餚，種類超豐富，我們 5 個女生不顧形象的，吃到整間剩下我們這桌客人，還捨不得走，實在太滿足、太好吃了！

　　不過它的價錢有點貴，平日午餐 19 美元，晚餐 29 美元，假日午餐 22 美元，晚餐 32 美元。真不巧我們去的那天，是星期六晚上，再加上稅跟小費 18%-20%，這一餐幾乎是 40 美元，相當於台幣 1200 元，想想其實也太奢侈了。但我們當時在美國待了 3 個多月，好久沒吃到漢堡、熱狗以外的食物，才會禁不住這些熟悉食物的呼喚。所以如果讀者想去的話，平日午餐會比較划算一點。這間就在帝國大廈附近，行程可以排在一起優。

網址：www.ichiumi.com
地址：6 E 32nd Str. New York, NY 10016
電話：212- 725-1333
交通：地鐵 4、6 → 33St.（最近）
　　　地鐵 N、R → 28St.
　　　地鐵 N、Q、R → 34th St. - Herald Sq
　　　時間：11：45am - 3pm 5：30pm - 10pm

特派員 /Chuck

一風堂拉麵

一風堂拉麵，是紐約時代雜誌票選第一名的拉麵，位置就位在藍人劇場斜對角，不遠處的對街，與我們的行程距離不遠。有著超高人氣與方便性的兩項理由，就成了我們在紐約非吃不可的一間餐廳了。其實在去紐約之前，我們就曾看過網路上對於該店的介紹，光要吃到一碗熱騰騰的拉麵，可是要很有耐心的排隊，一碗 16 塊美金的拉麵，究竟有多大的魅力，我們非去不可！

看完藍人劇場後，因為我們早早就事先預約，所以「只」排了大約一個多小時，終於輪到我們了。一走進店內就看見裝潢的巧思，一排排的拉麵碗整齊掛在牆上，用餐區也呈現濃濃的日式風味，搭配美式的吧台，西方臉孔的服務生，整體氣氛真的挺不賴的，適合一群朋友聊天，也適合我們這種觀光客，邊吃邊安排行程，哈哈。

但是這裡要提醒一下，記得吃完自己留下小費喔，因為我們忘了放，就被一個白人帥哥追出來要小費，真是令人尷尬。

網址：www.ippudony.com
地址：65 Fourth Avenue New York, NY 10003（Between 9th and 10th Street）
電話：212-388-0088
交通：地鐵 4、6 → Astor Pl；地鐵 N、R → 8 St - Nyu
時間：11 am - 3：30 pm；5 pm - 11：30 pm（Fri.Sat - 12：30 am）；
　　　Sun 11 am - 10：30 pm

陸 · 紙醉金迷不夜城
—拉斯維加斯

　　相信大家對 Las Vegas 的印象都是一樣的，賭博、玩樂、不夜城。它位於內華達州，在沙漠中築起的豪華城市，而我們都是透過電影、電視，看到這城市的風貌。印象最深的就是「醉後大丈夫」這部電影！主角們在這裡度過單身派對的行徑，早讓我們想一睹這城市的瘋狂！

　　拉斯維加斯早期是沙漠中的綠洲，之後發現金礦，但礦產採光之後又落寞了。直到 1931 年美國大蕭條時期，內華達州議會通過了賭博合法的議案，拉斯維加斯發展至今成為世界聞名的賭城。

位於 Mahdalay Bay 飯店南方的這塊招牌已經成為拉斯加斯的代表物了！

6-1 實用交通小地圖

在 Vegas 其實不太容易迷路，觀光客主要去的地方就在 Las Vegas Blvd.（又稱 The Strip）。飯店幾乎都在這條大道上面，也有公車以及電車（Tram）可以到。以下介紹幾種交通工具。

機場接駁車 Airport Shuttle Bus

在機場找接駁車（Shuttle Bus）的出口，有到 The Strip 以及市區（Downtown）的任何一間飯店。單趟大約 6.5 元，來回 12 元，有蠻多間公司，但聽說價格都一樣，比較適合少人旅行的讀者。

公車 RTC（The Regional Transportation Commission of Southern Nevada）

每處公車站都設有自動售票機，2 個小時 5 美元，一日票 7 美元，三日票 20 美元；24 小時行駛。可以評估一下，一天預計會搭幾次公車、距離和人數。我們後來買了一日票，但公車卻讓人等到生氣，而且參觀各大飯店，其實都是以走路居多，請讀者以自身狀況考慮囉！

The Deuce

　　每站皆停，行駛距離是從市區運輸中心（Downtown Transit Center）到四季大道（Four Seasons Dr.），行駛的距離比較短。

Strip & Downtown Express

　　沒有站站都停，行駛距離從 Las Vegas Premium Outlets 到南端轉運總站（South Strip Transfer Terminal），行駛的距離比較長。

網址：www.rtcsouthernnevada.com/index.cfm

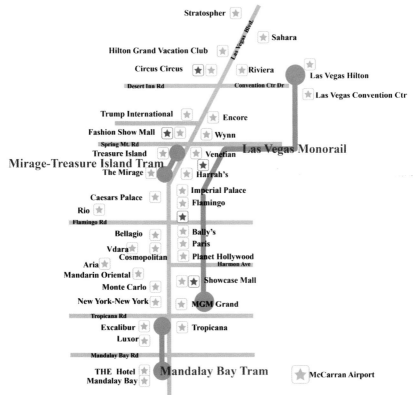

計程車 Taxi

因為我們行李實在超‧級‧重！加上我們有 4 個人，計程車從機場到 Excalibur 飯店，加上小費，一人是 6 美元，算算比接駁車划算，又不用自己搬行李！所以我們選擇搭計程車。不過那位中東司機，好像從來沒搬過這麼重的行李一樣，還差點塞不下車廂（10 幾件行李），害我們很不好意思。

在 The Strip 上如果不是塞車，有 3-4 人就建議搭計程車，因為 RTC 公車實在等太久，好不容易來了一班車卻爆滿……浪費太多時間，害我們看不成水舞秀。不如大伙一同搭計程車，還快上許多！（實在太氣了，到現在想起來還在氣，沒看到水舞好失望……）另外在 Vegas 計程車可不是隨招隨停，通常只在飯店門口才可以搭乘歐。

Las Vegas Monorail& Tram

它的票價沒有比較便宜，單趟 5 元，一日票 12 元，三日票 28 元，而且只停 7 個站。但優點是，它有繞到 The Strip 外的拉斯維加斯希爾頓飯店（Las Vegas Hilton），在路上大塞車的時候，電車就方便多了。

網址：www.lvmonorail.com

Mandalay Bay Tram

Mandalay Bay、Luxor、ExcaliburTram 這三間飯店，提供了免費的電車，如果要到這三間飯店參觀拍照，可以利用此交通工具。

6-2 五花八門飯店行

夢幻城堡 (Excalibur)

　　這次要介紹大家另一個訂房網站 Smartervegas，Ivy 利用這個網站，訂到比 Expedia 還便宜的價格。除了住宿價格夠優惠，居然還有贈送一堆東西！在首頁選擇你旅遊開始的時間，它就會出現許多飯店的組合優惠。

　　以我們住的 Excalibur（石中劍飯店）來說，兩人兩晚 69 美元，但還需加上飯店費（Resort Fee）14 美元，14 美元還算可以接受，有些飯店還要 20 美元以上。但奇妙的是，兩個人 69 美元，但如果 4 個人一間，居然要 179 美元，那不如開兩間房間還比較划算！各位自己去比較看看，看喜歡哪間飯店的風格。基本上住在 The Strip 上，交通都非常方便。快來看看房間囉！（價格請以網站上為準。）

在訂房過程中，Ivy 發生了一件超糗的事。訂房贈送的其中一項是「Complimentary entry to LAX（Luxor）」，我們結束 Vegas 旅程之後，下一站就是 LA，如果能免費接送到 LAX 機場，真的很划算耶！當我們開心之餘，還是覺得打電話確認一下。打過去時，Ivy 問説：「這個優惠是免費到 LAX？」小姐回答：「是的。」Ivy 再問：「那一人可以帶幾件行李？」小姐語氣怪怪的回答：「呃……我去夜店是不會帶行李啦！」什麼？原來「LAX」是間在 LUXOR 的夜店，真的是好糗啊，害 Ivy 連忙掛掉電話。

回歸正題，就是這網站很棒啦，住在 The Strip 上，一晚兩人只要 2、30 塊！有時候還有贈送 Buffet 優！

網址：www.smartervegas.com

一晚 2、30 塊美金的價格，雖然沒有 VIEW，但是浴室很大，床也舒適乾淨，交通也算方便，不過聽説這間的 Buffet 很普通，讀者千萬別來吃。

MGM 非常好認，就是一隻大金獅子，飯店內也真的養了獅子！它有透明的走道，抬頭就可看到獅子躺在你上面！噱頭十足。

金碧輝煌、眼花撩亂的特色飯店

在 Vegas 的一切，就是要極盡奢華與特色！這裡的每間飯店，都有其著名的原因。像是 Bellagio 的水舞秀、Treasure Island 的海盜船秀、Mieage 的火山爆發、Paris 美麗的巴黎鐵塔及凱旋門、New York-New York 的自由女神與雲霄飛車、MGM 的獅子……等，每間飯店都有自己的風格。在世界各地很難有地方，在一條大道上，聚集了這麼多高級飯店，這也就是到 Vegas 的遊客，會到各大飯店停留欣賞參觀的原因，Ivy 跟 Amber 也不免俗的，去了幾間飯店拍拍照，快點來看看這些飯店！

Venetian，威尼斯美麗的場景也搬到飯店了！金碧輝煌的裝潢，以及逼真的天空造景，完全感受不到那時已經晚上 12 點多了！

Luxor

New York-New York

Paris

The Strip

Sirens of TI

Mirage Volcano

三明治技巧 Twenty Dollar Trick

　　想要讓房間免費升級嗎？快使用這個 20 塊的小伎倆！在 check in 的時候，櫃檯人員會跟你要信用卡以及護照，你就把 20 塊夾在這中間，並且問櫃檯人員" Do you have any complimentary upgrades available ？"（可以免費升等嗎？），有些櫃檯人員會默默收下，並且給你升等；但也有些會退回你 20 塊，跟你説：「抱歉，升等要加錢。」但也有些並非房型升等，而是其他優惠的東西，例如免費使用健身房還是 SPA……等。

　　Ivy 知道這個小伎倆之後，就好想試試看，但又很怕櫃檯人員收了 20塊，結果沒有升等，那就虧大了！（有網友分享，其實 Vegas 的櫃檯人員都知道這個伎倆，所以一般沒有升等也會退給你）想玩這小伎倆的程度，還讓 Ivy在去 Vegas 之前做了夢，在夢裡成功升等！

　　不過最後我們還是很不要臉的，問櫃檯人員有沒有免費升等，結果居然有耶！！所以我們省了 20 塊，（其實不只 20 元唷，因為升等的房型跟原本差了 40 元。）實在是太開心了！快到討論區看看大家們分享，還有每間飯店的成功率，真是太酷了！參考看看囉！

網址：www.thetwentydollartrick.com

6-3 沒看秀，別說你來過 Vegas

　　來 Vegas 的娛樂，除了賭博以外還可以看秀！這裡最有名的是太陽馬戲團（Cirque du Soleil）的 O Show、KA Show，還有上空美女、猛男，以及不定期歌手藝人的演出。像是席琳狄翁（Celine Dion）的秀，許多人可是狂推！連在紐約的司機徐先生，都跟我們不斷強調有多棒。自 2011 年 3 月，她又回到 Vegas 了！不過僅到 2012 年 8 月，幸運在 8 月以前到 Vegas 的讀者，千萬不要錯過。詳細上網查詢。

　　魔術秀這裡當然也有！像是 CRISS ANGEL 還有 David Cooperfield，在 Vegas 都看得到！還有《獅子王》、《Blue Man Group》……等。喜愛熱舞的讀者，也看得到知名街舞比賽 ABDC（American best dance crew）第一屆冠軍，Jabbawockeez 的演出！

　　Vegas 這麼多表演秀，當然也有類似紐約的折扣票亭（Ticket 4 Tonight）。折扣票亭在 Strip 上就有 11 個據點，可以依照你飯店位置決定去哪個點排隊，可以買到當天晚上的秀，折扣不一，自己去現場碰碰運氣摟！

網址：www.celinedion.com/return-las-vegas
網址：www.tix4tonight.com/index.html
（到官網印出 COUPON，還可以省下 2 元的服務費。）

美女上空秀

難得到 Vegas，一定要看看不同於其他地方的表演秀，最後我們選了一「美女上空秀」！當我們正在猶豫，不知看哪部上空秀時，還問了 Ticket 4 Tonight 的工作人員，她非常好心的有問必答。她說《Crazy Girls》是很老的一個秀，它演出這麼久，風評應該是不錯。我們心想那美女會不會也是比較資深的啊？所以又繼續問了工作人員，她回答說上空秀的美女們都是很美的！（要回答我們一堆問題她也是很辛苦）所以我們就放心買了票，去演出地劃位，等秀開場囉！

《Crazy Girls》票價只要 25 元，在 Rivera Hotel 內，座位看入場先後順序，表演廳也不大，但是上空秀的美女們，每個都好漂亮身材又好！不過我們還是覺得，比較適合男生來看啦！雖然剛開始看覺得很養眼、超性感，但因為女生看女生賣弄性感，其實有點膩，所以這福利還是留給男性讀者吧！一張票才約台幣 750，看眾多金髮美女上空盛況，台灣哪裡可以看！千萬別錯過了！

太陽劇團

其實大部分遊客，都比較喜歡看太陽劇團，因為它實在太有名，甚至有人說，一生一定要看一次。它曾到過台灣巡迴演出，目前在 Vegas 固定演出，一共有 5 部。詳情請上官網查詢。

O Show @ Bellagio

Bellagio「O」（法語：水）享有世界第一秀之美名。表演場地為一大水池，水池還會隨著表演做升降移動，有許多高難度特技，跳水、水上芭蕾……等等，表演者有些還是奧運選手，儘管票價沒有優惠，仍然場場滿座。結合火與水的經典大秀，有些人甚至認為來 Vegas 一定要看 O Show！

KA Show @ MGM

　　太陽劇團於 20 週年推出的，舞台非常壯觀，為東方雜技武術，強打特效、佈景跟大排場，精采程度與 O Show 相當，許多看過的人表示，一生一定要看過一次！

Mystere @ Treasure Island

　　相較上面兩個，Mystere 則為較傳統的特技，第一個在 Vegas 的秀，搭配現場演出以及優美的舞蹈特技，氣氛歡樂，令觀眾歎為觀止。

Love @ Mirage

　　演出披頭四的音樂，舞台設計以及場景轉換很有特色，非常熱鬧且會跟觀眾互動。

Viva ELVIS @ Aria

　　回顧貓王的音樂作品，同樣也結合特技與歌舞。

網址：www.cirquedusoleil.com/en/home.aspx#/en/home/shows.aspx

6-4 必訪勝地 - 大峽谷 Grand Canyon

要說這次美國之旅最遺憾的事，絕對是我們沒去到大峽谷。對，我們真的沒去，這個一直在我們計畫中，如此接近的世界七大自然奇觀，因為許多無法確切說明的原因，我們就這樣錯過。雖然說如果去成大峽谷，那拉斯維加斯停留的時間就太短暫了，所以說在 LAS VEGAS 加大峽谷的時間，四天可能是最充裕的，三天實在是有點緊繃（我們第一天晚上才到，白天都浪費了）。雖然沒去到，還是要介紹一下，畢竟這是我們在這次旅行中，最期待的大自然景點。

位於美國亞利桑那州西北部的大峽谷，是經過科羅拉多河，數百萬年的沖蝕而形成，當科羅拉多高原抬升時，科羅拉多河及其支流，切割層層沉積岩，就形成了現在這般壯麗的景色，將近 20 億年來的地質變遷史，一覽無遺。大峽谷總長 446 公里，平均深度 1200 公尺，寬度從半公里至 29 公里不等。1979 年被列入世界遺產。也是世界七大自然奇觀之一。

大峽谷分為東南西北四個區域，一般旅遊多是去西峽谷或南峽谷，北峽谷則因氣候關係，每年只有五到九月開放。

西峽谷 Grand Canyon West

西峽谷屬於印第安文化保留區，2007 年開放天空步道，高度比兩棟 101 大樓疊起來還高，上面可以俯瞰整個大峽谷，吸引了許多遊客前往觀光，除了徒步參觀，大峽谷還有直昇機跟搭船的行程可以選擇。雖然是要另外付費，但搭直昇機真的是很特別的經驗，又因離拉斯維加斯車程只需兩小時，便成為許多人前往大峽谷的首要選擇。

入場門票：$69（包午餐）　　天空步道：$32

老鷹岩 Eagle Point

因有一座岩石，像展翅高飛的老鷹，而有這個名字，天空步道也在此區域。

蝙蝠岩 Guano Point

許多蝙蝠會在此區域留下排洩物而得名。Guano 也是蝙蝠屎的意思，此區域為西峽谷最高的景點，可以看到整個峽谷及科羅拉多河。

天空步道 Skywalk

座落於老鷹岩上的摩天透明天橋，高 1158 公尺，讓民眾可以站在高空中，看盡大峽谷的宏偉風光，到達只有鳥類才能翱翔的地方。但為了保護玻璃製的天空步道，除了上去必須佩帶鞋套，連相機、手機都不能帶上去，怕一不小心金屬製品，割壞了腳下的透明玻璃。要拍照，只能讓工作人員幫忙拍，再買照片。

南峽谷 Grand Canyon South

相較於西峽谷，南峽谷的地勢更為高聳，景色更加壯觀，目前由美國大峽谷國家公園管理，有健行步道可以通往谷底，但是地形非常陡峭，距離拉斯維加斯較遠，需要經過五個小時車程，所以比較建議自行前往，或參加多日行程。一般旅行社的一日行程，來回都需 10 小時的車程，而且只在那裡停留一小時，很難盡興的觀賞。

特派員 /Orange

直升機遊大峽谷

在大峽谷坐直升機是一件很特別、很酷、很興奮的事情，雖然它要價184 美元，但跟玻璃橋（32 美元）相比，算是相當值得了！整趟過程約 60 分鐘，其中包含 30 分鐘，搭船遊大峽谷的河川。

搭直升機前會先分六個一組，然後分別秤重（為了是平均重量），手上印有 FRONT SEAT 的兩個人，可以坐前座。前座的視野比後座好很多，通常是體重輕的人坐前座，這時候就會覺得自己為什麼不瘦一點……。

因為螺旋槳飛機是高風險，搭乘時，一定要聽從工作人員指示，該從哪上機、座位安排……等，切忌亂跑。在直升機上面的時間，來回約 10~15 分鐘不等，機長通常不會介紹景點，就自己用心的感受大自然美景吧。從上面俯瞰雄偉的大峽谷，頓時間，不禁讓人有種傲視群雄的感覺。

Amber 小提醒

第一次到訪大峽谷，參加旅行的團，其實是不錯的選擇，除了沿途有人介紹外，現在許多美西的旅行社，推出的大峽谷方案都非常優惠，像是三人同行第三人免費，一個人不到一百塊美金，就可以到拉斯維加斯、大峽谷三天兩夜，景點間都有專車接送，雖然參觀時間會受到限制，但該參觀的點都不會少去，真的非常方便。

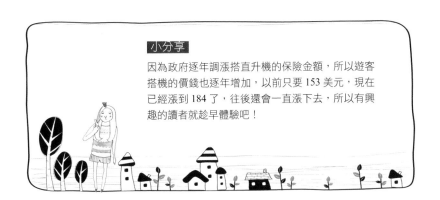

　　遊河川時候，會有中文解說員，大峽谷的黃金河川，看似黃沙滾滾，但比大陸的長江還乾淨，因為在海拔這麼高的地方，全是天然形成的岩石山壁，幾乎是沒有汙染。這邊的天然景觀，隨隨便便都是好幾億年的歷史，河川高度每年都不太一樣，如果有機會來這邊，撿塊石頭回去都可以當紀念品唷！（可以跟人炫耀，這是好幾億年前的石頭，但說實在的，跟路邊撿的可能差不多，哈哈！）山下的紀念品店，也有賣處理過的石頭，會比較精緻漂亮一點。

　　解說員說這條河川的水很乾淨，可以拿來洗臉、洗手都沒問題，而且據說許多人要去賭場前，會來這邊用水洗洗臉、擦擦手，手氣會比較好唷！

6-5 Buffet 讓你吃到吐

　　來 Vegas 除了賭博、看飯店、看秀還有美食吃到飽！我想這是大部分來 Vegas 的人，都會做的事！不過……明明就是沙漠，卻流行吃到飽，實在太弔詭了！哪裡有海鮮阿？大概是因為 Vegas 是個享受的好地方，美食當然不能缺席（其實是想掏光觀光客的錢吧……）！若想以便宜價格吃到好料，也可以到 Tix 4 Tonight 看看有沒有折扣摟！以下整理了幾間知名飯店的 Buffet。資料來自許多部落客的分享，但是網友們的口味實在差太多了，有人說超好吃，也有人說難吃又貴，所以……不好吃的話，請別怪罪 Ivy，個人口味不同嘛！

　　下列介紹中的 Wynn、Bellagio 常被拿來比較，兩者皆被認為是 Vegas 最好吃的 Buffet，但 Wynn 的精緻度較高，不過也有人認為 Wynn 近年來，水準有下降的趨勢。Paris 以及 M Resort 品質也不錯，價格也較親民。另外，Sushi Mon 並非於大飯店內，但是其日本料理被許多人讚賞，愛吃生魚片的饕客，可別錯過。

其實有許多人，都會在接近晚餐的時段才進場，因為如此一來，可以付午餐的價格，享用晚餐的菜色，某些餐廳只有在晚餐時段，才供應蟹腳的優！另外，如果餐廳的蟹腳並非切好的，可以向服務生詢問有無工具，可不要傻傻的用嘴巴慢慢啃喔。

Bellagio — THE BUFFET 【粗體字為其著名餐點】

特色：帝王蟹腳、**現做煎蛋捲**（omelette）、甜點豐富。

價位：早 \$15.95；午 \$19.95；晚 \$29.95

時間：早 7am - 11am；午 11am - 4pm；晚 4pm - 10pm

Wynn — THE BUFFET

特色：高級用餐環境、帝王蟹腳、雪蟹腳、**義式冰淇淋**、
法式可麗餅、現做 omelette。

價位：早 \$19.95；午 \$23.95；晚 \$36.95

時間：早 8am - 11am；午 11am - 3pm；晚 3：30pm - 10pm

Rio — Village Seafood Buffet

特色：豐富海鮮、**雪蟹腳**、小龍蝦尾、生魚片、
義式冰淇淋。

價位：\$40

時間：4pm - 10pm

Aria — THE BUFFET

特色：**甜點名廚坐鎮**、帝王蟹腳、小龍蝦尾、
現做 omelette、印度餅 Naan。

價位：早 $16.95；午 $20.95；晚 $30.95

時間：早 7 am - 11am；午 11am - 4pm；
　　　晚 4pm - 10pm

Cosmopolitan — Wicked Spoon Buffet

特色：雪蟹腳、義式冰淇淋、現做 omelette、**甜點總類豐富。**

價位：早 $22；晚 $35

時間：早 8am - 2pm；晚 5pm - 9pm

M Resort — Studio B Buffet

特色：雪蟹腳（3 種料理方式）、酒類無限暢飲、現作甜點、義式
冰淇淋。

價位：早 $10.99；午 $15.99；晚 $23.99

時間：早 7am - 10：30am；午 10：30am - 2：30pm；晚 4pm - 9pm

Ivy 小分享

另外，有個資訊提供給大家，有七間飯店合作提供 Buffet
24 小時讓你無限吃（Buffet of Buffets pass）！你可以吃晚
餐、隔天早餐、午餐、下午茶、晚餐，一共四餐，價位是
$44.99（未稅），其中 PLANET HOLLYWOOD 的 Spice
Market Buffet 有帝王蟹腳歐！詳細請上網查詢。

網址：www.caesars.com/total/las-vegas/buffet-of-buffets

Mirage — Cravings Buffet

特色：雪蟹腳、義式冰淇淋。

價位：早 $14.95；午 $18.95；晚 $25.95

時間：早 8am - 11am；午 11am - 3pm；晚 3pm - 10pm

Paris — Le Village Buffet

特色：法國街道用餐環境、雪蟹腳、法式可麗餅、**甜點豐富**。

價位：早 $14.99；午 $17.99；晚 $24.99

時間：早 7am - 11am；午 11am - 3：30pm；
    晚 3：30pm - 10pm

Sushi Mon（日式料理）

特色：生魚片、炸冰淇淋（Tempura Ice Cream）。

價位：午 $21.95；晚 $26.95

時間：11：45 am - 2 am

【以上均為平日用餐時間以及價位，詳細請上各官網查詢。】

柒 · 巧遇好萊塢大明星
─洛杉磯

　　洛杉磯（Los Angeles）是西班牙語「天使之城」的意思，是僅次於紐約的第二大城市，加州第一大城，全年陽光明媚，氣候宜人。洛杉磯由於華人移民不斷增加，蒙特利公園市（Monterey Park）當地的居民，超過一半是華裔，所以此地很容易看到中文，超市裡，也可以買到許多的台灣食物，像維力炸醬麵、八寶粥，通通都有。甚至連到郵局寄信，都可以講中文！酷吧！

　　洛杉磯最有名的，莫過於是好萊塢（Hollywood），Ivy 與 Amber 走在路上，就看到大明星納塔莉波曼（Natalie Portman）與他老公小孩，讓我們大為興奮呢！除了電影業的發展，在體育界裡，洛杉磯湖人隊以及道奇隊，也都頗具盛名。但洛杉磯最吸引我們的，仍然是迪士尼與環球影城！就跟著 Ivy 跟 Amber 一起繼續瘋狂玩樂吧！GO，GO，GO！

7-1 實用交通

　　紐約以四通八達的地鐵聞名，而洛杉磯則有世界上，數一數二的高速公路系統，可想而知，在 LA 沒有車當代步工具，是一件多麼痛苦的事。好在 LA 的台灣人很多，而 Ivy 的好友 David 剛好在 LA 唸書，就解決了車子的問題。假如你在當地舉目無親（無友），那可能就要考慮租車，或是選擇待在市區囉！當然地鐵、公車與輕軌，還是可以到達不少地方，只是班次要先上網查一下。

網址：www.ladottransit.com

價錢：單程 1.5 美元

　　　Day Pass 5 美元（到翌日凌晨 3 點）

　　　7 Day Pass 20 美元

　　　（其他票種，請上網查詢 www.metro.net）

7-2 Hostel 是個小型聯合國

　　來到 LA 之前，Amber 與 Ivy 從沒想過，會去住青年旅館，尤其聽過許多人的可怕經驗，譬如說東西被偷、室友不友善、男女混居，又不乾淨，我們打從心裡不敢挑戰。直到在拉斯維加斯旅行的時候，遇見了同在 Hawks Cay Resort 打工的同事 Molly，剛好大家要去 LA 的時間一樣，又聽她說在舊金山住的 Hostel 都不錯，在 LA 她也決定要繼續住 Hostel。碰巧我們還沒訂好 LA 的住宿，就決定跟著她嘗試看看。沒想到這次的經驗，完全改變了我們對青年旅館的印象；便宜、交通方便，還有提供早餐，青年旅館絕對是最划算的選擇。

特派員 /Molly

Hostel in LA- Banana Bungalow

　　關於青年旅館的選擇，建議大家在 Hostel.com 的網站上，去選擇最適合自己的住宿地點。網站上不僅有各青年旅館的詳細資料、交通資訊，同時也會有旅行者的評分意見，以及清楚的價格標示喔。

　　Banana Bungalow(又名 VIBE) 青年旅館，位於 LA 著名的好萊塢大道上，從車站或機場過去都不算太遠。建議大家可以乘坐計程車，車資大概24 美金左右，較方便也較舒適，更不用提著笨重行李，緩慢的走在好萊塢大道上，Banana Bungalow 有提供計程車資訊，與免費機場接駁，一天僅一班車。Banana Bungalow 占地很大，進去有一大片空地，除了供停車之外，更擺放著桌球桌、遊戲桌，一樓還包括了電影放映室、交誼廳、電腦室⋯⋯等，都是提供住宿者，放鬆心情的好地方。住宿房間價格從 18 到36 美金不等，有二人、四人、六人到十人房都有，如果只想跟認識的人住，價位就會稍微貴一點；如果和陌生人同住 8 人房，就會便宜一些（基本上都是男女分房）。

　　住在青年旅館的好處是，容易結交到來自世界各地的朋友，體驗不同的生活文化。加上大家同是旅行的愛好者，有著共同的嗜好，不同的旅行經驗，住起來不會有壓力，若是遇到旅行上的問題，還可以互相給予建議及幫助。

旅館在早上 9：00-11：00 提供早餐，餐廳位置在戶外，在這裡的住宿者，可以悠閒的享受加州的微風及陽光，搭配著熱咖啡及吐司，為接下來一整天的旅行，儲備滿滿的體力。周一到周日晚上，旅館更會有不同的活動，提供住宿者參加，包括電影夜、Pizza 同樂會、歌唱夜、撲克牌夜……等，大部分會提供食物、酒精飲料，甚至還有樂團，讓一整天在外玩樂奔波的朋友，晚上還可以在旅館裡，跟新認識的朋友一起分享同樂噢。

由於 LA 交通較不方便，幾個熱門景點之間的距離也比較遠，像是迪士尼樂園、維納斯海灘、聖塔芭芭拉……等，都必須換車才有辦法到達。所以 Banana Bungalow 提供了許多旅遊團（Tour Set），讓沒辦法租車的朋友，可以用划算的價格，參加像是好萊塢之遊（Tour Hollywood city tour）或購物……等行程。

如果要到遊樂園的朋友，旅館也提供接送及預購門票服務，價錢會稍微優惠，可以省去舟車勞頓的麻煩。只是跟著旅館提供的行程，有固定的出發及回程時間，時間上會比較沒那麼彈性，大家就要自己斟酌囉！

網址：www.bananabungalow.com / www.vibehotel.com

地址：5920 Hollywood Blvd. Hollywood, CA 90028

電話：323-469-2500 / 323-469-8600

交通：地鐵紅線 → Hollywood/Vine Station 與 Hollywood/Western Station 中間
　　　公車 180、181、217 → Hollywood / Bronson

7-3　沒走過，別說你來過 LA

好萊塢星光大道 Hollywood Walk of Fame

　　洛杉磯最有名的街道，絕對是好萊塢星光大道。1958 年洛杉磯市政府，為了讓好萊塢形象提升，委任藝術家奧立佛 · 威斯慕拉（Oliver Weismuller）設計星光大道，從好萊塢大道東邊的高爾街（Gower Street），至西邊的拉布雷亞大道（La Brea Avenue），然後延著絲蘭街（Yucca Street）與日落大道（Sunset Boulevard），由北向南的人行道上，都遍佈著一顆顆星型獎章，用來紀念明星們對娛樂業的貢獻。除非偶爾因施工，或是特殊理由而更換位置，大道上星形獎章的位置，是永久不變的。

　　從 1960 年瓊安‧伍德沃德（Joanne Woodward）獲得第一顆星後，至今星光大道上，已經約有兩千四百多顆星星。無論是電影明星、導演、歌手，甚至連米奇，都擁有屬於自己的星星。但要在星光大道留名，也不是人人都想擁有，因為要擁有屬於自己的星星，除了獲得提名外，還需要繳交三萬美金的「會費」，來負擔星星製作費、揭幕儀式的開銷，以及維修費用，還要親自出席揭幕典禮。所以像是茱莉亞羅勃茲、喬治克隆尼……等大明星，雖然作品不斷，卻還是沒有屬於自己的星星。

　　星光大道上除了可以搜尋，喜愛的明星的星星位置，還會遇到許多電影人物，無論是卡通人物、英雄或是電影主角。在好萊塢大道上的街頭藝人，會裝扮成各式人物，提供民眾合照，合照之餘，記得給辛苦的表演者小費（一般是兩塊美金）。在星光大道上的每顆星，皆由一顆水磨石製成。將其製成粉色五角星形，並鑲上青銅，然後嵌入深灰色的方塊中。粉色星形內，是刻在青銅上的授獎者名字，在此下面則為一環狀標誌，代表受獎人領取星星的領域。

電影攝影機：對電影產業有所貢獻。

電視機：對電視產業有所貢獻。

留聲機唱片：對唱片產業有所貢獻。

廣播麥克風：對廣播產業有所貢獻。

悲喜劇面具：對現場戲劇有所貢獻。

好萊塢大道上還有許多店家，像是杜莎夫人蠟像館、信不信由你，還有許多紀念品專賣店，裡面販售各式各樣的奧斯卡獎盃、星星獎章⋯⋯等。我們在裡面找到 Lady Gaga 的星星獎章，讓 Ivy 興奮得直問店員，真正的在哪裡？他的回答讓小怪獸 Ivy 大失所望⋯⋯，因為根本就還沒有這顆星星。（幹嘛做一顆假的來騙人！）

網址：www.walkoffame.com
地址：Hollywood Blvd., Hollywood, CA 90028
交通：地鐵紅線 → Hollywood / Highland

柯達劇院 Kodak Theatre

　　位在好萊塢大道上的柯達劇院，是個專為奧斯卡金像獎頒獎典禮，所精心設計的場地。2001 年啟用至今，也成為奧斯卡永久的舉行地。可容納 3,400 名觀眾，設有全美國最大的舞台之一，舞台後的記者室，可容納多達 1,500 名記者，劇院由柯達公司贊助 7500 萬美元建成，並獲得命名權。現由洛杉磯市擁有。

　　柯達劇院入口處的柱狀裝飾，展示自 1928 年至今，所有奧斯卡金像獎得獎人的名字，亦預留位置給未來的得獎人。平日的柯達劇院，則提供電影、演唱會⋯⋯等表演，或其他種類的頒獎典禮。

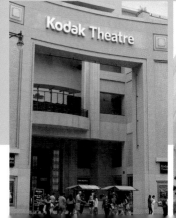

白色 Hollywood 招牌

　　1923 年，某建商為了推銷住宅社區，而在好萊塢的後山坡上，設置白色大字「HOLLYWOOD」的廣告看板，之後由好萊塢商會出資，將其修復並保存，也成為好萊塢象徵性的地標。在 2010 年時，這個白色招牌差點不保，因為有建商想在此地蓋豪宅，要拆掉這塊招牌，後來史蒂芬史匹柏、湯姆克魯斯、湯姆漢克、花花公子創辦人……等好萊塢名人發動捐款，一共花了一千兩百五十萬美金，才把這塊招牌留下。現在這個招牌，受到商標保護，沒有好萊塢商會的同意，無人有權使用它。

中國戲院 Grauman's Chinese Theatre

　　在好萊塢大道上另外一個著名地標，就是中國戲院。在柯達劇院前，中國戲院也曾是奧斯卡典禮的舉辦地點，許多好萊塢電影首映，也都在此舉行。中國戲院前的水泥地上，留有許多超級巨星的手印、腳印及簽名，相較於星光大道的星星，因為是明星本人留下的印記，這些水泥板顯得更加真實且特別。

　　來到這不妨找找，你所喜愛的明星足跡，從唐老鴨的腳印，到哈利波特三位主角的手印，甚至是吳宇森導演的中文簽名，在這裡都可以看到。

比佛利山莊 Beverly Hills

　　在好萊塢旁邊的比佛利山莊，也是洛杉磯著名的地標之一。因為鄰近好萊塢，比佛利已經成為了富豪、上流社會、好萊塢明星的代名詞。許多超級巨星都選擇在此置產，在山上一棟棟的豪宅，住的不是政商名流，就是影視名人，越往山上走，就越顯的豪華。如果對名人的住家很有興趣，那可以在中國劇院那邊花點錢，坐導覽車，導遊會帶著你到比佛利山上，為你介紹每個住家，甚至還有販售明星住家地圖，要當好萊塢巨星，要先做好沒有隱私的心理準備。當然，為了防止狗仔及一般好奇的遊客打擾，每棟豪宅都有非常森嚴的守衛防線，所以即使搭乘導覽車，也只能看到大片的花園跟高聳的鐵門。

　　我們因為沒有時間，也沒有特別想看的豪宅，所以就在待在山下，參觀了麻雀變鳳凰的拍攝飯店－比佛利麗晶酒店（Regent Beverly Wilshire Hotel），還有比佛利最著名的名牌大道－羅德歐街（Rodeo Drive）。

　　羅德歐街就像是紐約第五大道，上面的店家是一家比一家高級，櫥窗也是爭奇鬥艷，貴氣華麗；開在路上的車，更是像名車展示會般的奢華。讓人只敢遠觀，看看建築及櫥窗，連店門口都不太敢踏進去。

　　過了羅德歐街後，就會到達以威爾夏大道（Wilshire Blvd.）、小聖塔摩尼卡大道（Little Santa Monica Blvd.）和佳能大道（Canon Drive）這 3 條街，所組成的「黃金三角」。這裡也是許多女星愛來的地方，整體風格非常有小歐洲的感覺，如果沒有大把的鈔票，走進這些國際品店內，那就單純欣賞這些美麗的建築，享受一下被精品包圍的氣氛吧！

網址：www.beverlyhills.org
地址：Beverly Hills, CA 90212
交通：公車 DASH（Fairfax）→ Wilshire Blvd. & Cochran Ave.
　　　20 → Wilshire Blvd. & Cochran Ave.
　　　720 → Wilshire / La Brea

格里菲斯天文台 Griffith Observatory

座落在半山腰的天文台，是許多洛杉磯人看夜景的最佳位置。我們最厲害的 LA 地陪，也就是特派員 David，一直說要帶我們上去看看夜景，誰知我們運氣不好，天氣不佳，只看到濃濃的大霧，什麼都看不清楚，只好落寞的打道回府。要上山去看夜景的人，出發前一定要事先查詢天氣，才不會跟我們一樣白跑一趟。

如果還有多餘的時間，也可以到天文台去看看，雖然是免費入場，但天文台內的東西，可一點都不馬虎。從各式星相圖到觀星工具，都非常齊全，還可以使用天文望遠鏡，都是免費的，只有天文劇場需要額外收費。如果對星相故事有興趣的人，也可以花點錢去欣賞，許多看過的人都非常推薦。這座美麗的天文台，除了夜景美麗，本身的外觀及內部裝潢也非常壯觀、美麗，吸引了許多電影前來取景，像是「魔鬼終結者」、「變形金剛」、「沒問題先生」，都選擇在這拍攝。

網址：www.griffithobs.org
地址：2800 East Observatory Road Los Angeles, CA 90027
電話：213-473-0800
交通：地鐵紅線 → Union Station
　　　轉乘公車 DASH（Weekend Observatory Shuttle）→ Griffith Observatory
　　　（接駁車只有週末開放，平常日沒有大眾交通工具可到達）
時間：Mon-Tue Closed；Wed-Fri 12 noon – 10pm；Sat-Sun 10am – 10pm

Universal Studios Hollywood

好萊塢環球影城是世界上最大的電影、電視製片廠,以及電影主題公園,也是世界上第一座環球影城。

好萊塢環球影城,分為上園區(Upper Lot)和下園區(Lower Lot),之間以名為星光大道(Starway)的多段電扶梯連接。跟奧蘭多環球影城不同的是,這裡有電影院,真是充滿好萊塢的感覺呢!

上園區最出名的就是片場導覽(Studio Tour),你可以乘坐遊園車參觀片場,看玩命關頭的特技、大白鯊出沒、土石流爆發、闖入金剛的地盤,或是與史瑞克一起拯救費歐娜公主、去辛普森的世界玩雲霄飛車、在Water World 看一場水戰,還是進入鬼屋,被嚇到飆淚!

下園區的遊樂設施,也不遑多讓,有刺激的木乃伊復仇雲霄飛車、侏羅記公園冒險,以及 2012 年 5 月,即將開放的 3D 變形金剛!

* 詳細介紹請見【遊樂園攻略】

網址:www.universalstudioshollywood.com
地址:100 Universal City Plaza, Universal City, CA 91608
電話:213-626-4455
交通:紅線 Universal City,出站後必須過左邊馬路,才可看到環球影城接駁處
時間:每天都不太一樣,請上網查詢。

迪士尼樂園 Disneyland Park

　　全世界最元老的迪士尼樂園，我們卻放棄了他，實在是因為時間緊湊，又與佛州的魔幻王國重複率較高，便奔向了冒險樂園的懷抱。迪士尼樂園內分為 8 個主題區，晚上還有最經典的煙火秀，要是時間充裕，千萬不要像我們一樣放棄。

　　位於南加州的迪士尼樂園度假區，是全世界第一個座迪士尼主題樂園，也被稱為全世界最快樂的地方（The Happiest Place on Earch）。1955年，華特・迪士尼先生在加州創造了一個，讓全世界小孩夢想成真的遊樂園。迪士尼雖然沒有最驚險刺激的設施，但卻有精采的表演，及許多具有故事性的設施，除了迪士尼人物為主題的遊樂設施外，這裡還有最經典的表演、遊行、水舞秀及煙火，帶給參訪的大人、小孩最難忘的回憶。

迪士尼加州冒險樂園 Disney California Adventure Park

　　2001 年開放的冒險樂園，位於加州迪士尼樂園旁邊，雖然沒有迪士尼樂園大，卻有許多獨特的遊樂設施，它以近年來的皮克斯電影為主題，內容相當豐富，讓 Amber 和 Ivy，選擇它當作我們加州的迪士尼定點。當然，它的設施比迪士尼樂園刺激，也是我們選擇的因素。園內分為 4 個主題區，從「蟲蟲危機」到 2010 年最新的「創 - 光速戰記」，應有盡有，Amber 還在這買到，當年在東京迪士尼錯過的吸管，真是一趟讓人開心又滿足的遊樂園之旅。

* 詳細介紹請見【遊樂園攻略】

網址：disneyworld.disney.go.com/disneyland

電話：714-781-3463

時間：以官網上公佈為主，每天有所不同

交通：Hostel 的一日行程

　　　自行開車前往

　　　地鐵紅線→ 7th Street/Metro Center Station (轉搭公車 406 → Disney Land)

詳細資訊還是上 www.golynx.com，看住宿位置決定交通方式。訂房前也可以詢問旅館是否有提供接駁。

7-4 血拼好去處

OUTLET

Ontario Mills

　　這間最值得一提的，就是 Hollister 跟 A&F 的 Outlet ！！畢竟一路以來都在逛 Premium Outlets，為了這兩個牌子，千里迢迢過來也在所不惜！（好啦是沒這麼誇張）不過這間的價格跟商品，跟網路是差不多的，有些洋裝才 10 美元左右，非常划算！喜歡這兩個牌子的讀者，如果有時間可以去逛逛喔！

網址：www.simon.com/mall/default.aspx?ID=1258

地址：One Mills Circle Ontario, CA 91764

電話：909- 481-5520

時間：Mon –Sat 10am - 9pm（Sun-8pm）

交通：Metrolink（Riverside Line）→ East Ontario Station（一天只有六班車）

　　　轉乘公車 81 → Ontario Mills

　　　（班次查詢：metrolinktrains.com/schedules）

計程車：Yellow Cab Co.909-460-9899（Ontario Mills 提供）

COSTCO & CVS

　　來美國必買之一就是維他命！雖然市區的藥妝店都有賣，但除非等到買一送一，不然價格還是偏高。雖然在美國的原價已經比台灣便宜，不過都到美國了，當然要用最少的錢，買到最多罐的維他命，回去孝敬阿公、阿嬤、爸爸、媽媽……你們說是不是？！

　　根據 Ivy 在美國生活 4.5 個月，只有 CVS（美國大型連鎖藥妝店）買一送一的時候最划算，第二件 5 折，則是第二划算。如果是原價的話，有時候 Public（美國大型連鎖超級市場）還有 Walmart 會比 CVS 便宜。

　　如果你在台灣有 COSTCO 卡，記得帶過來！因為美國也可以用唷，記得進去之前先去拿個 coupon，Ivy 買的銀寶善存，原價 18.99 美元現折 3 美元！而 COSTCO 自家品牌 KIRKLAND 維他命 C，500 顆原價 12.99 美元再折 3 美元，這麼大一罐（重死我）才幾乎台幣 300 元，不買好像對不起自己。

交通：公車 485 → Fremont / Commonwealth
　　　公車 258 → Commonwealth / Date
　　　（COSTCO 交通）

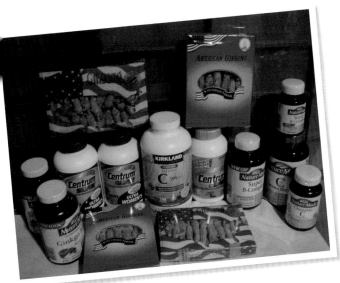

這些瓶瓶罐罐真的很重，又佔空間，但真的比台灣便宜太多！還有美國的花旗參，這可是 Ivy 媽指定要買的。

7-5 延伸景點

蓋堤中心 Getty Center

　　由美國石油大王 Paul Getty，出資興建的蓋堤中心，座落於洛杉磯西北方。Paul Getty 喜愛收集藝術品及古董，一開始這座博物館，是作為他個人收藏之用，1974 年才開放參觀。在他過世之後，他將其下資產都留給基金會，作為博物館資金，開放永久免費參觀。依據政府規定，基金會每年只要將其 4.25% 的資金，花費在藝術相關事務上，即可享有減免賦稅的優惠，於是博物館每年都花費十幾億，在拍賣市場搜購藝術品，以達到減稅效果。其中拉斐爾名畫—「粉紅色的聖母」，就是以兩千九百萬英鎊，與英國國家畫廊競標得到的。

蓋堤中心除了因為擁有，許多世界知名藝術家作品而出名，它的建築，也是大家來到這，所參觀的重點之一。由普立茲克獎得主 Richard Meier，耗資十億美元，花了 14 年時間，於 1997 年興建完成，從博物館到花園，皆使用歐洲進口的建材，對建築有興趣的人，千萬不能錯過。

　　因為蓋堤中心位在山丘上，是個非常適合欣賞夕陽的地方，如果是星期六來，因為營業到晚上九點，甚至可以看到洛杉磯的夜景，是個殺底片的好地方。

【蓋堤中心】Getty Center

網址：www.getty.edu
地址：1200 Getty Center Drive, Los Angeles, CA 90049
電話：310-440-7330
交通：公車 761 → Sepulveda Blvd./Getty Center Dr.
時間：Mon CLOSED；Tue-Fri&Sun 10am - 5：30 pm；Sat 10am - 9pm

【蓋堤別莊】Getty Villa

網址：www.getty.edu/visit
地址：17985 Pacific Coast Highway, Pacific Palisades, CA 90272
電話：310-440-7300
時間：Thu - Mon 10am - 5 pm；Tue - Wed Closed
門票：免費，但需先上網或電話預約

Amber 小分享

除了蓋堤中心外，蓋堤博物館還有另外一處收藏藝術品的地方，就是蓋堤別莊（Getty Villa），只是蓋堤別莊進場需要事先預約，別莊以古希臘、羅馬時期的文物收藏為主，每個區塊都有美麗的花園及雕塑品，想要參訪蓋堤別莊，最好提早一個月先預約，以免最後敗興而歸。

樂高樂園 Legoland

　　成立於 1999 年的樂高樂園，其實並不位在市區，而是在開車約 1.5 小時的聖地牙哥，非常適合 2-12 歲的小孩及青少年玩樂，也是許多樂高迷必訪的樂園，每年都有許多的觀光客從大洛杉磯區而來。

　　園內遊樂設施從亞馬遜雨林、自由女神像、古埃及、星際大戰，全是由一塊塊的樂高堆積而成，色彩非常繽紛。園內有九大區，迷你樂園中，有包括自由女神在內的全美五大景點；飛車區則有星際大站及其他主題的雲霄飛車；創造區則提供許多樂高積木，讓人自行組裝，發揮想想力。所有造景都是由 1：20 的積木堆積而成，氣勢驚人。

　　樂園中還有一項非常特別的設施－迷你駕訓班，15 分鐘的交通安全課，加上道路駕駛，小朋友就可以領到駕照了，好像真的一樣，由於設施新穎，內容寓教於樂，也成了許多家長在迪士尼之外，另一個假日好去處。全世界目前有五座樂高樂園，除了加州之外，在英國、丹麥、德國也都有設點，最新的一座樂高樂園，則坐落在佛羅里達州，於 2011 年 10 月開幕。

網址：www.legoland.com
地址：Legoland Drive Carlsbad, CA 92008
電話：760-918-5346
交通：從洛杉磯市中心出發，走 I-5 南下，
　　　從 Cannon Road 下高速公路左轉，開到
　　　Legoland Drive，即可到達。
時間：10am - 5pm

農夫市集 The Original Farmers Market

在 1930 年代美國經濟大蕭條時期，當時有一群農夫集體在 Fairfax Ave 與 W3rd St 路口處擺攤，將自己家的水果作物，集中低價叫賣。到了現在 Farmers Market，已經轉變成有近兩百家攤販的果菜市場，也是許多遊客必訪的觀光景點之一。現在除了新鮮蔬果外，還擁有來自世界各地的特色食物，及洛杉磯特有的紀念品。

我們會來到農夫市場，真的是誤打誤撞，本來只是因為同行的朋友，要找尋 H&M 退換衣服，沒想到就來到 Farmers Market。我們到的時候，正逢假日午後，天氣超好，從市場到隔壁的 Mall，都非常熱鬧。距離農夫市場，約莫三分鐘路程的「The Grove」，是一間漂亮的商場，在假日，廣場上都會舉辦活動。我們去的那天人超多，許多小孩還跟著台上的表演者起舞，非常適合假日的下午來逛逛。

網址： www.farmersmarketla.com
地址： 6333 W. Third St., Los Angeles, CA 90036
電話：323-933-9211
交通： 公車 217 → Washington / Fairfax Transit Hub
時間：Mon- Fri 9 am - 9 pm；Sat 9 am - 8 pm；Sun 10 am - 7 pm

斯台普斯中心 Staple Center

　　全世界最有人氣的 NBA 球隊，絕對非洛杉磯湖人隊莫屬（別隊的球迷不要打我……），而斯台普斯中心，就是洛杉磯湖人隊，及洛杉磯快艇隊的主場球場。只要湖人隊有比賽，這附近的道路就會大塞車，可見球隊受歡迎的程度。現任當家後衛 Kobe Bryant，更是許多人的偶像，他也帶領著湖人，贏得了多次總冠軍，讓湖人隊成為 NBA 史上，奪冠次數最多的球隊之一。

　　來到 LA，如果剛好遇上湖人的主場比賽，喜歡籃球的朋友，可千萬不要錯過，票價從 10 塊美金到 4000 多美金都有，依不同位置及不同對戰隊伍而異，可以上網先查好時間及位置，享受全場一萬多人，一起嘶吼加油的快感。

網址：www.nba.com/lakers
地址：1111 South Figueroa Street Los Angeles, CA 90015
交通：地鐵紅線 → 7th Street / Metro Center Station

7-6 LA 美食搜查隊

In-N-Out Burger

In-N-Out Burger 相當知名，幾乎是加州的觀光客，必定要品嚐的美式漢堡！我們剛到的時候整間店都滿了，就像在台灣假日的美食街一樣，要守在快吃完食物的客人後面，等待卡位，不過我們去的那天是平日耶！！

據說他們有隱藏菜單（not-so-secret-menu），聽了 LA 專業導遊 David 的建議，我們點了 Animal Style Fries，就是在薯條上，淋滿獨家的起司醬，上頭還有煎過的洋蔥以及酸黃瓜……等。回家上網查，才發現有更多種隱藏版漢堡！是在菜單上看不到的，因為在店裡你只會看到，漢堡和起司漢堡！（好賊啊！）

基本隱藏菜單

Grilled Cheese 雙層融化起司
2x4 雙層漢堡肉與四層起司 (數字自己做變化)
Protein Style 生菜漢堡
Flying Dutchman 僅兩片漢堡肉與融化起司
Animal Style 特殊醬料＋融化起司 (漢堡薯條皆可)
Fries Well-Done 香酥脆薯

網址：www.in-n-out.com/locations.asp
時間：10：30am - 1am（Fri.Sat - 1：30am）

Thai Patio

　　這是一間在 Hollywood 大道上，泰國城（Thai Town）的泰國餐廳，由於離我們住的地方很近，David 又大力推薦，加上我們本來就很喜歡，泰式料理的酸辣滋味，在美國 4 個月都沒吃到，超級令人懷念啊！

　　每次吃泰菜一定要點泰式酸辣湯（Tom Yum Kung Soup），這道湯讓所有人都直呼好喝！！然後涼拌皮蛋（Preserved Eggs Basil Leaves）是 David 推薦的皮蛋料理，非常的下飯，泰式奶茶也很好喝歐。重點是，價錢很便宜啊！我們四個女生，大約一人 15 美金（含小費歐）。而且，偷偷跟你們說，這裡的服務生都好正歐，個個都是泰國美女，男生讀者們又有福啦！

地址：5273 Hollywood Blvd, Los Angeles, CA 90027
電話：323- 466-3894
交通：地鐵紅線 → Hollywood / Western Station
時間：11am - 2am（Fri - 3am），詳細時間請電話詢問。

Haejangchon Korean BBQ

　　這家韓式烤肉不大間，如果沒訂位的話，常常需要排上一小時左右，價錢上以烤肉吃到飽來說並不是特別貴，大概一個人 16.99 美元不含稅，肉的種類也相當多選擇，推薦 Pork Shoulder, Angus Beef, 或是 Short Ribs，還會附上許多的小菜和蒸蛋，而且吃不夠的小菜，也可以再叫服務生端上來，但記得不要吃太飽，因為最後還會有免費的炒飯跟味增湯。

網址：www.haejangchon.com

地址：3821 W 6th St., Los Angeles, CA, 90020

電話：213- 389-8777

交通：公車 18 → 6th / Serrano

　　　地鐵紫線 → Wilshire / Western Station

捌 · 浪漫花街小歐洲
——舊金山

　　舊金山為什麼叫舊金山勒？一般美國地名不是通常都是音譯嗎？那是因為舊金山，在早期華工到美國淘金後多居於此，稱之為「金山」。直到在澳洲發現金礦後，為了區別，而改稱「舊金山」。

　　這個城市是許多自助旅行者的最愛，因為交通非常方便，也是美國最美城市之一，所以觀光業是舊金山的重要經濟來源！除了擁有許多知名美麗景點，如：金門大橋、漁人碼頭、優勝美地、九曲花街……等，舊金山也是一個多元且包容的城市，這裡可是同性戀的大本營呢！每年 6 月、10 月都有同志大遊行，也吸引不少觀光客，前往感受這個特別的日子。

　　Amber 跟 Ivy 我們則認為，這裡跟美國其他城市大不同，它散發著濃濃歐洲的藝術氣息，相當愜意且優美的一個城市，難怪深受旅人喜愛。

8-1 實用交通小地圖

灣區捷運

　　簡稱 BART（Bay Area Rapid Transit），是連接舊金山和整個東灣地區，最主要的交通工具，可搭到舊金山國際機場，以及奧克蘭國際機場。

火車 Caltrain

　　從舊金山 AT&T 棒球場為起點，經過舊金山國際機場、舊金山半島、南下至聖荷西，為南灣和半島的人，到舊金山主要交通工具，但班次不多，搭乘前要先做好功課。像是 Gilroy 到 Tamien 段，只有上下班的時間有車，週末停開。

MUNI

纜車 / 叮噹車 Cable Car

　　由於 Ivy&Amber 是參加旅行團去舊金山，沒機會搭到可愛的叮噹車，所以我們請了特派員 Joanna，來跟大家介紹優！

　　來到舊金山，令我印象深刻的是叮噹車！舊金山在 43 座高高低低的山丘上，獨特的地勢，衍生出這種用纜線拉動的交通工具。在經過十字路口時，為了提醒路人小心，車長會搖車上的鈴鐺，因為發出噹噹的聲響，而獲得這個可愛的名字。有著精巧外表的叮噹車，已經有百年以上的歷史，

至今仍是當地居民，和觀光客的重要交通工具之一。它的售票亭不明顯，Joanna 當時和朋友就找好久才找到，建議可以問問旁邊排隊的遊客！

搭乘叮噹車時，會有一個特別的景象，那就是在轉彎處，像是 Powell Street 上，往往車上人員要下去用人力推車，讓車身 180 度轉向，讓許多遊客即使沒有搭乘，也會在一旁拍照、觀賞。

叮噹車的路線有三條，Powell&Mason 線（可看到天使島）、Powell & Hyde 線（在高點還可看到惡魔島）以及 California 線。透過這 3 條路線，可以到達不少市區的精華景點，如聯合廣場、北灘區、中國城區、貴族山區、漁人碼頭區……等。地圖上也會清楚的標示，它所經過的路線與到達的景點。

輕軌電車

線路以英文字母命名。目前有 F、J、K、L、M、N、T 線。F 線為世界各地收集而來的古老電車，經改裝後行使於卡斯楚區、市場街、經由碼頭港口後，前往漁人碼頭。其他線路則經過市區後，前往城市的各社區。

公共汽車

　　以數字排名。有些線路在早晚上下班時間，增加不同快班車「Express」或者半夜（約 1 點到 4 點）有不同的晚班路線，成為貓頭鷹路線（Owl Service）。線路非常繁多且複雜，最好隨身攜帶路線圖。尖峰時刻，很多公車有快速路線「Limited」，它會在公車路線號碼後加上 L 字樣，表示只會在固定的幾個站上停靠。這是為了節省一般市民通勤的時間。

【舊金山交通轉乘資訊】
票價 Muni 系統：成人單程 2 美元，包括 2 小時內有效的 1 次轉車票
Cable Car：成人單程 5 美元
Bart：依距離計算。
Muni Passport：可搭 Muni 及 Cable Car，14 美元 / 天、21 美元 /3 天、27 美元 /7 天
San Francisco City PASS：可搭 Muni 及 Cable Car，69 美元 /7 天，包含景點參觀購買地點繁多，詳細至官網查詢。
網址：www.sfmta.com/cms/mfares/passports.htm

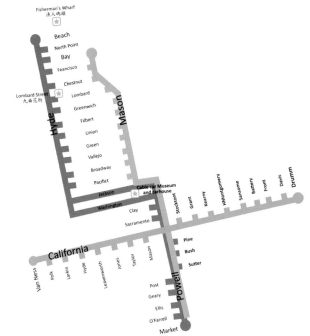

叮噹車路線圖

8-2 這樣玩，吃好、睡好、交通沒煩惱

　　台灣的婆婆媽媽們，最喜歡參加旅行團了，就如同大家所說：「上車睡覺，下車尿尿」我們相當認同這句話，因為在舊金山，我們參加了華人旅行團，真的就是在車上一直睡覺，想上廁所的時候，導遊就會適時的說：「待會這個點停 10 分鐘，想去廁所的快去歐！」。

懶人旅行團

　　雖然說是華人旅行團，但缺乏年輕人，更別說有什麼帥哥美女了。去的多是菲律賓或是越南的叔叔阿姨們，實在沒有青春洋溢的感覺……。加上是制式行程，難免有些不喜歡的景點，卻非得要去，自己想去的地方，也不一定能如願參觀遊玩。

　　所以讀者可以衡量一下，參加旅行團雖然可以去很多的景點，但是坐車的時間居多，有時會因為空氣不流通，有點暈暈的感覺，而且幾乎沒有自由活動的時間。不過旅遊這一個月，只有在舊金山這 3 天，我們睡得最飽，也算是懶人行程囉！

旅行團的好處

1. 語言沒有障礙。許多景點若非有旅遊書，你根本不知道它的歷史以及由來，華人旅行團導遊很專業，除了對於景點的知識很專業，清晨五點多起床還會跟大家說：「我知道大家很想睡覺，I will keep my mouth shut。」

2. 景點一網打盡。舊金山的必去景點通通都帶你去了，包括車程較遠的優勝美地，以及丹麥村，這些都是沒有車難以到達的地方。

3. 吃得還不錯。在我們印象中，旅行團就好像畢旅一樣，都是吃普通的合菜，或是特約店家。沒想到華人旅行團，帶我們到一個點，然後放我們下去自由選擇，通常下車前它會推薦華人餐廳。我們覺得應該不會太好吃，結果第三天，導遊帶我們去吃中式吃到飽，一人才 10 元且含服務費，大約有 4 大排的自助料理，這是我們在美國吃到最划算的吃到飽了。而且重點品質很不錯喔！還有一餐我們吃牛肉麵，不僅平價而且超大一碗！雖然不知道是不是合作特約店，但真的是好吃！

4. 我們住的是全球連鎖飯店 Marriott！品質相當不錯。這又再次打破我們的觀念了。在台灣畢旅通常住的都不太好，導致我們覺得，旅行團一定都住得不怎麼樣，沒想到此次跟團，真是顛覆了我們的既定印象啊！

旅行社推薦

美國亞洲（美亞假期）

全美最大間的華人旅行團，旅行團拓展至歐洲、中國、台灣、泰國等地。規模頗大。

網址：www.americaasia.com / www.supervacation.ca

電話：888-626-2871 / 626-607-0170 / 604-233-1388

海鷗假期

這間就是我們參加的旅行團，價格比美亞優惠一點。品質還不錯！

網址：www.seagullholiday.com

電話：323-261-8811

途風網

比較有特色的是，它提供徵旅伴，結伴同遊的功能，你可以在網站上揪人一起出遊，因為旅行團通常有買二送一的優惠，算是很方便。還有提供洛杉磯，到拉斯維加斯的接駁車 30 元，比灰狗便宜。

網址：www.toursforfun.com

電話：626-389-8666 / 866-638-6888

Amber 小分享

另外介紹一間經銷商，提供多間旅行團行程，直接電話詢問，還會提供目前最優惠的價格給你歐。這間公司的小姐，在深夜還接我們電話，旅程趕不及去匯款，也先幫我們保留，真的要給他大力按讚啦！

鎵蓮旅遊　電話：909-595-8282

e-mail：betty.trojan@gmail

8-3 沒來過，別說你來過 SFO

優勝美地 Yosemite National Park

　　優勝美地是是加州的一座國家公園，以壯觀的花崗岩、瀑布及豐富的生物聞名於世。它也是內華達山脈中，範圍最為廣泛、完整的生物棲息地，公園內有多樣的保育類動植物。現今因開放部分伐木，讓優勝美地受到破壞，原本大片的山林，已經慢慢消失，要是不加緊保育，這片美麗的風景很有可能風光不再……。

　　優勝美地離舊金山約三小時車程，要不是跟旅行團，我們真的很難自行前往，在開了半天路程後，終於抵達。放眼望去的山谷、瀑布，還有整片巨型杉木，果然令人震懾不已。雖然只是短暫停留，吸取一下芬多精就被迫上車，前往下一個景點，但是我們仍忍不住多看幾眼，多拍幾張照片，尤其是三個多月來，生活在海邊的我們，終於可以倘佯在另一種型態的大自然中，還親眼看到奔跑的野生小鹿，真的是不虛此行。

網址：www.yosemite.national-park.com
交通：BUND BUS 39 號碼頭 → San Francisco 站，單程 88 元。

九曲花街 Lombard Street

倫巴底街是一條東西方向，貫穿舊金山 Presidio 區，及 Cow Hollow 區的街道，其中最為人所熟知的路段，莫過於位在俄羅斯山上，橫貫 Hyde 和 Leavenworth 之間的一段。這個路段號稱全美最彎曲的一條街道，短短的距離有八個急彎，只允許單向通行，而 Powell-Hyde 線纜車，則途經此路段的起點（最高點街口位置）。當地華人稱之為九曲花街。

這段彎曲的道路，本來是直線通行的，但因為坡度太大，才被改成如此迂迴的樣貌，利用長度換取空間，減緩沿線的坡度大小，並用磚塊鋪成路面增加摩擦力。這也讓這段道路從此聲名大噪，成了舊金山最熱門的觀光景點之一，除了觀光巴士有經過，許多旅遊團也都一定會帶遊客到此一遊。

我們的旅行團，車子只開到山坡下，要自己爬一大段坡，才可以看到九曲花街。沿途的風景很美，但是坡度實在是太陡了，Amber 在半路上差點想放棄往回走，好在有 Ivy 的堅持，我們終於爬到了這條花街的頂端。鳥瞰舊金山美麗的建築街景，及特色坡道，從制高點往下看，更是一覽無遺。

地址：2055 Lombard Street San Francisco CA 94133
交通：叮噹車 Powell to Hyde → Hyde and Lombard
　　　（此處下車就可以不用辛苦爬坡來看九曲花街。）

漁人碼頭 Fisherman's Wharf

所謂漁人碼頭，通指範圍從舊金山，北部水域哥拉德利廣場（Ghi-rardelli Square），到 35 號碼頭一帶。當中最為著名的，則為 39 號碼頭。這裡有很多商店，一般觀光客也只會到這裡逛逛，碼頭上還有旋轉木馬、水族館……等休閒娛樂設施。

39 號碼頭有個很特別的族群，一群懶惰的海獅！其實他們也不是懶惰，只是看起來很悠閒，躺在那動也不動，重點是牠們很臭！

來到漁人碼頭，當然要品嚐這裡美味的海鮮摟！到處都可以看到海鮮美食攤販，非常吸引人，最愛海鮮的 Ivy，真的很想品嚐新鮮的蟹肉，不過價格都讓人買不下去！所以我們只好退而求其次，喝上一碗便宜的蛤蜊巧達湯（Clam Chowder），這可是舊金山必點美食呢！詳細請看「舊金山美食搜查隊」章節！

網址：www.pier39.com

交通：叮噹車 Powell-Hyde → Hyde and Beach

Powell-Mason → Taylor and Bay

輕軌電車 F → The Embarcadero & Stockton St

公車 39 Coit → The Embarcadero & Stockton St

金門大橋 Golden Gate Bridge

它是連接舊金山灣（San Francisco Bay），和太平洋的金門海峽（Golden Gate）的褐紅色大橋，南端連接舊金山的北端，北端連接加州的馬林縣（Marin County）。金門大橋的橋墩跨距長 1280.2 米，是世界上第一座，跨距超過 1000 米的懸索橋，世界第四高的橋塔，高達 227.4 米，全橋總長度是 2737.4 米，是全球第 3 長吊橋。

橋施工的時候，有一項獨特的設計，橋下裝有一個安全網。施工期間有 11 人摔死，而 19 人則因安全網而獲救。這 19 人成立了一個相當有趣的俱樂部－「在地獄的半路上俱樂部」（Halfway to Hell Club）。

選擇褐紅色，是因為建築師認為和周邊環境協調，且可使大橋在金門海峽常見的大霧中，顯得更醒目（我們到的那天有濃濃的大霧，橋都快不見一半了！）。由於這座大橋的結構和外觀，它被國際橋樑工程界，廣泛認為是美的典範，更被美國建築工程師協會，評為現代的世界奇蹟之一，也是世界上最上鏡頭的大橋之一。

交通：公車 28/28L 19th Avenue.

→ Golden Gate Bridge/Toll Plaza/Parking Lot

76 Marin Headlands → Golden Gate Bridge/Toll Plaza/Parking Lot

藝術宮殿 The Palace Of Fine Arts

1915 年舊金山舉辦的，巴拿馬太平洋萬國博覽會（Panama Pacific International Exposition），建造了藝術宮殿，它是世界上少數博覽會之後，沒有被拆除的建築物之一。博覽會之後，這個地方曾經被拿來當網球場、市政府倉庫、軍用卡車倉庫，甚至差點成為廢墟。到 1960 年後，有了政府經費及募款費用下，才重新整修這塊區域。現今的藝術宮殿，已經成為舊金山的特色景點之一，也是許多舊金山人假日郊遊的好去處。

我們來到藝術宮殿前，就一直聽導遊說有多美多美，他下個月還要到那邊去拍婚紗。到達目的地後，果然名不虛傳，具有歐洲宮殿的感覺，卻又不是那麼的華麗，可能是當初經費不足，但又要保持當初的樣貌，於是便呈現出一種沒落宮殿的風味。

網址：www.palaceoffinearts.org/Welcome.html

地址：3301 Lyon Street San Francisco, CA 94123

電話：415-563-6504

交通：公車 28/28L 19th Avenue → Richardson Ave & Francisco St

91 Owl → Richardson Ave & Francisco St

8-4 延伸景點

惡魔島 Alcatraz Island

Alcatraz 一字，源於西班牙文「鵜鶘」的意思，因為在早年，這裡棲息了大量的鵜鶘鳥。這裡是以前美國聯邦政府，囚禁重大罪犯的地方，因電影《絕地任務》（The Rock）以其為背景，而就此成名。至於「惡魔島」名稱的由來，則源自美國菲利浦 · 格魯斯（Philip Grosser），囚禁於此，在島上寫了一本小說《山姆大叔的惡魔島》（Uncle Sam's Devil's Island），從此「惡魔島」的名稱，便被廣泛使用至今。

「惡魔島」是一座迷你型的小島，面積僅 0.0763 平方公里，小島四面皆為深水、峭壁，海水冰冷，對外的交通工具只有船隻，也難怪是關犯人的好地方。

要前往島上看看監獄，又想避免排隊人潮，就跟看自由女神一樣，網路買票摟。它也跟自由女神一樣，有 24 小時攝影機，可以看金門海峽的風景，以及金門大橋！到 33 號碼頭 Prepaid Ticketbooth 可以現場取票！15 分鐘不到就抵達惡魔島，別忘了索取中文導覽，以及中文語音導覽耳機！

網址：www.alcatrazcruises.com/

交通：輕軌電車 F → The Embarcadero & Bay St；再到 33 號碼頭（Pier33）搭船。

六姐妹 Six Sisters

　　六姐妹在阿拉摩廣場公園（Alamo Square Park）旁，這六棟一列的建築，是維多利亞時代，安女王式的風格（Queen Anne-style house），在舊金山的風景明信片、月曆，或是各類紀念品上，都可看到六姐妹的身影！也因此獲得「明信片屋」（Postcard Row）的別名歐。

　　有時間的話，可以到阿拉摩廣場公園，來個悠閒的野餐，躺在草地上，欣賞這排可愛的六姐妹房子。

交通：公車 21 → Hayes St & Steiner St
地址：710 Steiner St,San Francisco,CA

赫氏古堡 Hearst Castle

參觀行程分為四種：Grand Rooms Tour（適合第一次到訪的旅客）、Upstairs Suites Tour、Cottages & Kitchen Tour、Evening Tour。

除了 Evening Tour 票價 36 美元，總行程兩小時以外，其他都是 25 美元，行程約 90 分鐘，均有參觀泳池以及電影欣賞。雖然 25 美元有點貴，但畢竟古堡也需要經費清潔維修嘛！都到了舊金山，記得要來看一下這奢華的古堡！

赫氏古堡是由報業大亨威廉・藍道夫・赫斯特（William Randolph Hearst），在加州 San Simeon 附近，濱海的一座小山上建立，位於洛杉磯和舊金山之間，所以一定要有車才可以到達。

該城堡於 1919 年開始，由舊金山知名建築師 Julia Morgan 規劃建設，並將之命名為「迷人的山莊」（La Cuesta Encantada）。在赫斯特去世後的 1957 年完工，建築風格有著西班牙、墨西哥和加州古老建築物的風采，以及許多歐洲的藝術收藏品，讓在小山上的赫氏古堡，觀光客絡繹不絕。

網站：www.hearstcastle.org（可預約參觀）
地址：750 Hearst Castle Road, San Simeon, CA 93452-9740
電話：800-444-4445（美國境內）/ 518-218-5078（海外）
交通：自行開車前往，無大眾運輸工具

史丹佛大學 Stanford University

　　史丹佛大學絕對是全球最傑出的大學之一，它的工程學院更是排名全美第二，僅次於麻省理工學院。

　　據説史丹佛大學是一對夫妻，為了紀念英年早逝的兒子，所建立的學校，本來只想在某間大學，設立一個學院來紀念兒子，卻因緣際會下創立了一間學校。現在的史丹佛大學，不僅是全美第二的大學，也是全球擁有最多資產的大學之一。

　　這也是我們在美國唯一參觀到的大學，歷史悠久的名校，果然從建築到藝術裝置，絲毫不馬虎，整個校園都非常的美麗。

網址：www.stanford.edu

地址：Stanford University. Stanford, California 94305

電話：650-723-2300

交通：自行開車前往，無大眾運輸工具

丹麥城 Solvang

　　1911 年，幾位來自丹麥的移民買下了這塊地，在此建起了一座鄉村學校。之後漸漸發展成丹麥城，solvang 在丹麥語中，就是「陽光下的田野」的意思。

　　這裡還有安徒生博物館，以及丹麥著名的美人魚。博物館位於一個書店的二樓。整個建築也和街上其它建築一樣，充滿濃厚的北歐風情。走在這個小城鎮，真的彷彿置身歐洲，還可以品嚐丹麥甜點！只可惜旅行團給的時間太少，沒機會每間店好好欣賞一番，不然這個迷人的小鎮，絕對可以讓我們逛上一個下午！開車到這裡的讀者，不妨多留點時間給丹麥城吧！

安徒生博物館 Hans Christian Andersen Museum

地址：1680 Mission Drive Solvang, CA 93463-3602

電話：805-688-2052

時間：10 am - 5 pm

卡斯楚街 Castro Street

從市場街（Market St）到 19 街這裡，是知名的同志村！街上到處都可以看到彩虹旗，以及性感猛男照片，還有情趣商店！據說美國軍方在二戰結束後，將大批被除役的同性戀士兵，集中往舊金山，許多人被安頓的卡斯楚街，竟吸引了更多的同性戀居民，往卡斯楚街及周圍地區居住。

每年 10 月的第一個星期天，就是卡斯楚街節（Castro Street Fair），我們的朋友因為 10 月去舊金山，不僅飯店客滿還漲價了。所以讀者要去的話，記得要提前訂房。不是同志也可以到此參觀感受一下，充滿同志氛圍的節慶文化吧！

交通：輕軌電車 F、M、K、T、L、M、S → Market St & Castro St

8-5 舊金山美食搜查隊

BOUDIN

　　這間麵包店的特色，是喜歡將麵包做成各式各樣的動物，例如像是鱷魚、小熊。Boudin 麵包，是當年法國移民 Boudin 先生，獨特研發的發酵技術，麵包的味道微酸、口感類似法國麵包較有韌性，當時深受淘金工人喜愛。這家最出名的，是他們的蛤蜊巧達湯（clam chowder），他們用麵包做成碗，果真是好吃到連碗都可以吃掉啊。

網址：boudinbakery.com

地址：Pier 39,Space 5-Q San Francisco, CA 94133

電話：415-421-0185

時間：8am - 8pm（Fri.Sat - 9pm）

交通：叮噹車 Powell-Hyde → Hyde and Beach

　　　　　 Powell-Mason → Taylor and Bay

　　　 輕軌電車 F → The Embarcadero & Stockton St

　　　 公車 39 Coit → The Embarcadero & Stockton St

CHOWDERS

　　這間就在 39 號碼頭，整體裝潢很可愛溫馨，有自己設計的漫畫人物，店內還贈送明信片優。炸魚薯條（Fish and chips）跟蛤蜊巧達湯都是招牌菜。我們點了蟹肉三明治（8.89 美元）與巧達湯（7.49 美元）都還不錯！因為兩人吃一份，所以有點意猶未盡呢！透過窗戶可以看到碼頭風景，下午能在這喝碗溫暖美味的巧達湯，跟好友共享一份蟹肉三明治，真是人生一大享受！

網址：chowderspier39.com

地址：The Embarcadero San Francisco, CA 94133

電話：451-391-4737

時間：電話詢問

交通：叮噹車 Powell-Hyde → Hyde and Beach

　　　　　 Powell-Mason → Taylor and Bay

　　　輕軌電車 F → The Embarcadero & Stockton St

　　　公車 39 Coit → The Embarcadero & Stockton St

Chocolate Heaven

　　這個品牌的巧克力有超過 150 年的歷史，是美國最具歷史的巧克力製造商。也是舊金山相當有名的巧克力，Ivy 在小的時候，常有人送這個牌子的巧克力給家人，以為只是個普通牌子，殊不知是赫赫有名的老店啊！

　　這間位於 39 號碼頭的巧克力天堂，販賣各式各樣的巧克力，口味繁多，有叮噹車外表盒裝的巧克力，甚至還有辣味 Tabasco 的巧克力！不妨帶一些送給親朋好友吧！

網址：chocolateheaven.com

地址：Pier 39, D-1,San Francisco, CA 94133

電話：415- 421-1789

交通：叮噹車 Powell-Hyde → Hyde and Beach

　　　　　Powell-Mason → Taylor and Bay

　　　輕軌電車 F → The Embarcadero & S tockton St

　　　公車 39 Coit → The Embarcadero & Stockton St

特派員 /Heidy

Scoma's

　　漁人碼頭對觀光客來說，無疑地是舊金山行程中，必遊的美食天堂，漫步在碼頭街道上，兩側除了各式各樣的紀念品店，更有許多攤販們吆喝著觀光客，品嚐碼頭招牌的美食蛤蜊巧達麵包濃湯、黃金蟹（Dungeness crab）、海鮮沙拉……等等。然而，針對預算比較寬裕的遊客，個人建議不妨到當地幾間有名的海鮮餐廳，大啖新鮮肥美的海鮮料理。

　　碼頭幾間著名的海鮮餐廳，除了大家口耳相傳位的 Crab House，我們當天前往的，是另一間位於 Pier 47，擁有 47 年歷史的「Scoma's」海鮮餐廳。從當初六個座位的咖啡廳，到現在家喻戶曉碼頭餐廳，Scoma's 不僅提供令人垂涎的美食佳餚，餐廳內美好的用餐氣氛，呼應窗外的碼頭景色，吸引了絡繹不絕的饕客前來朝聖。

　　我們抵達餐廳時已是晚上 8 點，即便營業時間只到 10 點，但等待的人潮，仍是將店面裡裡外外擠得水洩不通。餐廳提供訂位，若現場候位沒等個 1 小時，是無法如願以償的享受美食的。然而，在等待的同時，不妨到

餐廳的吧台點杯餐前酒，或在附近碼頭晃晃，消除等待不耐的情緒，因為在旁邊的一位當地人，滿臉笑意的對我說：「這絕對值得等待！」

網址：www.scomas-sf.com

地址：Pier 47 on Al Scoma Way San Francisco, CA 94133

交通：輕軌電車 F → Jones St & Beach St

電話：415-766-0293

時間：12pm - 10pm；Fri.Sat 11：30 am - 10：30pm；Sun 11：30am - 10pm

特派員 /Heidy

The Cheesecake Factory

　　就如同到美國西岸，必訪多汁美味的 In-N-Out Burger，喜歡甜食的你，怎能錯過只有美國才有的 The Cheesecake Factory！幸運的是，你不需舟車勞頓，在舊金山市區正好就有一間。舊金山的 The Cheesecake Factory，座落在最繁華熱鬧的商業區─聯合廣場（Union Square），四周精品百貨、高級飯店林立，櫥窗內也展示各式名牌精品，異國美食餐廳充斥在廣場附近的街道上，The Cheesecake Factory，正好就位在廣場旁梅西百貨的樓上。

　　中午搭乘百貨的電梯到該樓層，門一開，四周並非逛街的人潮，而是

擠在候位區劃位的人龍。餐廳不僅僅只販賣甜品，更是提供各式各樣，從開胃菜到主餐一應俱全的美味料理，讓你光看菜單就忍不住食指大動。候位旁的甜點櫃裡，一個個精緻可口的 cheesecake，更是讓人垂涎三尺。

　　餐廳分作室內與室外兩個區域，若不介意陽光的人，可以要求戶外的座位，因為在享受美食的當下，又可瞭望底下的聯合廣場，更增添用餐時悠然放鬆的心情。或是在餐點用完之後，帶著吃不完的 cheesecake 到聯合廣場，像外國人隨地一坐，一面悠閒地享用你的蛋糕，一面曬曬異國暖和的陽光。

地址：251 Geary Street, 8th Floor, San Francisco, CA94102
網址：www.thecheesecakefactory.com
電話：415-391-4444
交通：叮噹車 Powell-Hyde → Powell St & Geary Blvd
　　　　　Powell-Mason → Powell St & Geary Blvd
時間：11am - 11pm（Fri.Sat - 12：30 am）；Sun 10am - 11pm

9-1 事前準備

遊園守則

守則 1：

　　輕便為主，如果當天會玩到水上設施，記得多帶一套替換衣物，或者要帶外套，鞋子一定要穿好走的，像我們都穿拖鞋走透透，完全不怕水，

遇到雲霄飛車也可以坐在屁股下。帽子跟太陽眼鏡也不可以少,遊樂園真的很曬,尤其是排隊的時候。

守則 2:

遊樂園內都有餐廳,但還是建議帶一些餅乾類,在排隊時可以充飢,也可以打發時間,遊樂園內都有飲水機,帶水瓶去即可。

守則 3:

玩遊樂園,時間就是金錢,想玩完全部設施,請一定要在開園前提早30 分鐘到。

守則 4:

善用資源很重要,一進到園區一定要拿兩份地圖跟時間表,快速選出最想玩的設施及想看的秀,注意秀的時間,安排玩樂動線。

守則 5:

免費資源別浪費,在環球影城有免費置物櫃可使用,在不能帶包包的設施旁,都會有一區置物櫃專區,還有簡體中文說明。而在迪士尼,當然就是免費的 Fast Pass,許多熱門設施都有快速通關,好好搭配使用,可以更有效率玩完園區。

哈利波特的置物櫃

快速通關

環球影城 Express Pass / Front of Line Pass

　　真的很不想花時間在排熱門設施的讀者可以考慮買張快速通關證，奧蘭多環球影城叫做 Express Pass；加州環球影城叫做 Front of Line Pass，它可以省去你排隊時間，但要價也不便宜，依照日子價格也有不同，奧蘭多環球影城便宜的大約一個園區 20 美元，貴的要價 59 美元，兩個園一起買有優惠；而加州環球影城包含門票價位 129.99 美元，看秀同時享有前排座位。若是跟我們一樣 10 月前往可以不用購買也全部玩到歐！

迪士尼 Fast Pass

　　迪士尼最友善的地方，就是他的 Fast Pass 不需要另外收費，是人人都可以使用的，也因為這樣，每樣遊樂設施在每個時段發出的 Fast Pass 數量都有一定的限制，每樣擁有快速通關的設施旁都會設有一個取票區，當你使用你的門票取得一張 Fast Pass 時，上面都會標示你在哪個時段可以進場，也會標示下一次你可以拿 Fast Pass 的時間，這時候如何運用 Fast Pass，讓你在一天之內可以玩到最多設施就是很重要的，要特別注意的是，Fast Pass 上所標示的時間是有彈性的，超過時間其實也是可以進場，千萬不要為了趕那時間，在園區內奔跑喔！

可以使用 EXPRESS PASS 在設施外頭都會標明！

聰明買票

不想提早前往遊樂園排隊買票的讀者，這裡介紹最簡單且快速的買票方式—官網購票。在官網買票可選擇現場取票（Will Call Kiosk）、自行印票（Print at Home）以及郵寄（需運費）取票方式，相當方便。

雖然加州或是佛州的迪士尼和環球影城雖各為同一集團，但是在票種上面還是有些微的不同，相同的是這四間遊樂園都有年票（Annual Passes），以及給加州和佛州居民限定的優惠票，以下簡單介紹各遊樂園基本票種：

1.Walt Disney World Resort

◎ Magic Your Way Tickets 自由選擇 1-10 天票種

◎ Park Hopper 加買可跨園區使用

◎ Water Park Fun & More 加買水上樂園與其他樂園

小提醒

進入迪士尼世界官網買票前需填上居住地，我們當時在佛州打工，選擇佛州後居然直接出現佛州居民優惠票，沒仔細看我們就買錯票種了！所以同在佛州的讀者要小心可別買錯票！

2.Universal Orlando Resort

◎ Park-to-Park Admission 可跨園區使用票種

◎ Single Park Admssion 單一園區使用票種

3.Disneyland Resort

◎ 1-6 Day Theme Park Tickets 自由選擇 1-6 天單一園區使用票種

◎ 1-6 Day Park Hopper Ticket 自由選擇 1-6 天可跨園使用票種

4.Universal Studios Hollywood

◎ 1-Day Pass 一日票（2012 年票與一日票價格相同）

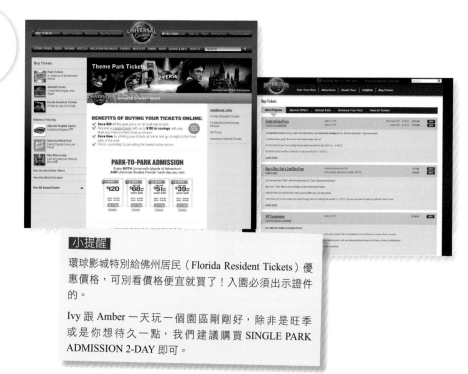

小提醒

環球影城特別給佛州居民（Florida Resident Tickets）優惠價格，可別看價格便宜就買了！入園必須出示證件的。

Ivy 跟 Amber 一天玩一個園區剛剛好，除非是旺季或是你想待久一點，我們建議購買 SINGLE PARK ADMISSION 2-DAY 即可。

佛州限定－買到便宜票

1. 可到 www.mousesavers.com 看看，有環球影城以及迪士尼票價優惠資訊，到官網買票以前，不訪到此看看有沒有更優惠票價歐！

2. 奧蘭多許多飯店都會銷售門票、入住之前，打個電話詢問下塌的飯店，有無販賣門票，或許可以省下一筆。

3. 聽 Timeshare 分時度假的講座，你必須要聽銷售員推薦分時度假有多好，最後跟銷售員買票。因為我們沒去聽，所以相關資訊只能請讀者上網查了。

加州限定－買到便宜票

要買便宜票，就要到洛杉磯的學校買摟。前提是你有時間到洛杉磯的學校買票，知名學校如 USC 售價 59 美元；UCLA55 美元，如果有認識的朋友在洛杉磯讀書可以請他幫你買票（或是在網路上找台灣留學生），因為一般洛杉磯學校都有優惠票價。如欲自行前往購票可能要提供學生證，但有許多網友分享其實售票人員不會檢查，或是讀者可以到現場拜託在校學生幫你買票！

以下網站可查詢最新售票消息
UCLA：www.tickets.ucla.edu
USC：www.usc.edu/bus-affairs/ticketoffice/calendar/entertainment/discount_listing.htm

9-2 精采萬分的環球影城

佛州環球影城 Universal Studios Frorida

　　佛州環球影城於 1990 開幕，與全球其他間的環球影城較為相似，但還是有奧蘭多限定的幾項設施，如知名電影《大白鯊》、《ET》。有此可知 Universal Studios Florida 以電影為主，從幕前到幕後，帶你進入電影中來趟驚奇的冒險，或是參與電影的製作，甚至還可以變成電影主角！

軌道好長好大，坐上去一開始馬上垂直爬坡到最高點，真是一點心理準備都沒有！

選擇你愛的曲風就準備往上衝擺！

千萬別錯過的必玩設施

NO.1 搖滾火箭（Hollywood Rip Ride Rock it）

這項設施是讓我們想一玩再玩的！因為他太有趣刺激了！坐上位置後，你可以開始選擇音樂。（在排隊的時候就持續有音樂放送，這時你可以記住待會想聽的音樂）Ivy 選擇了 The Black Eyed Peas 的 Pump It，真的好 high ！

一開始就直接衝上最高點，這項設施主要是速度加上音樂帶來的快感，連不太敢玩刺激雲霄飛車的 Amber 也大呼好玩！！但陰險的是，它居然會偷錄影！！玩完之後可以看看你在空中的臉有多逼機……。真的是快笑死人了！差點花錢把影片買下來，因為實在太好笑！

區域位置：製片中心（Production Central）

NO.2 辛普森家族（The Simpsons Ride）

　　這項設施剛開始，會讓人以為是給小朋友玩的小把戲，殊不知這麼刺激！進入設施之後，裡頭好可愛，都是辛普森家庭的人偶，還有卡通播放，超幽默可愛。排隊時分成幾個隊伍，一組人進去一個小房間，進去之後，開始看影片讓你進入劇情。

　　看完影片再進入另一個小房間，裡頭有台小車，原本想說是室內的應該還好。沒想到車子升上去之後，看著大螢幕你會有置身辛普森世界的感受！！好了，我不能再說了，你必須自己去體驗這趟可愛又緊湊的小冒險，害怕雲霄飛車的讀者一定要玩！因為它是模擬雲霄飛車，而且很逼真，先來這邊試驗一下，再去玩可怕的 MUMMY 吧！。這個設施很多人排隊歐！

區域位置：萬國博覽會（World Expo）

NO.3 大災難（Disaster Ride）

進去之前，主持人開始徵求觀眾待會要拍片，請自願者作一些表情動作，然後前往下一個地方。有點類似地鐵的小車，進入地下車站的場景。突然一陣天搖地動，地面的油罐車居然掉進地下車站。油罐車破裂爆出火花，感到一陣熱氣快被燒到一樣。

被左邊的油罐車嚇到之後，右面的牆居然水管破裂還是怎樣，大洪水衝出來，彷彿要被淹沒在地鐵站裡面了！（Ivy 真的被嚇到還躲了一下）神奇的是水明明從高處落下，看起來車廂一定會受到波及，結果居然沒事；原來是在右邊的地面挖了一個大洞，水直接流下。

在一系列緊張的災難之後，車廂繼續向前行，而圖中的車廂上的電視，會播放剛剛請自願者演出的畫面，加上後製之後影片，整個變得好有趣！看完影片到站下車後，好像完成一場奇妙的冒險！

區域位置：舊金山 / 阿米堤（San Francisco/AMITY）

NO.4 龍捲風（Twister Ride It Out）

　　這是現場演出的表演，排隊時，你可以從電視中看到龍捲風無情侵襲家園的畫面，之後進入片場，你會看到遠方有龍捲風慢慢朝你襲來，然後電線桿跟招牌倒塌，開始漏電爆出火花，失火（你會感到一股熱氣彷彿就要燒到你一樣！），甚至還有牛飛過你眼前！地板還會製造效果，不時讓人嚇一跳！真不愧是環球影城！電影中逼真的場景，出現在你眼前，真是太不可思議！！（除了那隻牛有點假，其它都好真實，但也不能用真牛啦，哈哈）

區域位置：紐約（New York）

NO.5 星際戰警（ Men In Black Alien Attack ）

　　MIB 這部電影大家應該相當熟悉，雖然我們都沒什麼興趣，但是還是每項設施都要玩到。進入前工作人員還會演一小段戲碼，大概是有什麼緊急狀況發生之類的，好讓你進入劇情。整個遊樂設施造景非常酷，在排隊時，就可以看到許多外星人在工作或是聊天，實在太逼真了！

　　坐上設施之後，就開始瘋狂射擊外星人摟！座位前方還有計分錶，雖然我們對這部電影沒有很愛，但是這設施實在很不錯，大夥都玩得超high！玩完後都還沉浸在射殺外星人的戲碼裡！

　　　　　　　　　　　　　　區域位置：萬國博覽會（ World Expo ）

一日遊攻略

攻略一：

選擇順時針或逆時針方向走，逆時針就是先玩史瑞克 4-D（Shrek 4-D）搖滾火箭（Hollywood Rip Ride Rock it）一路玩下去。

順時針則為先玩魔鬼終結者 2（Terminator 2 3-D）→ E.T. 大冒險（E.T. Advanture）…。

攻略二：

如果會去或是去過加州迪士尼的讀者，可直攻佛州限定搖滾火箭（Hollywood Rip Ride Rock it）、龍捲風（Twister Ride It Out）、星際戰警（Men In Black Alien Attack）、大白鯊（Jaws）、E.T. 大冒險（E.T. Advanture）。

奧蘭多環球影城—冒險島 Islands of Adventure

　　不同於佛州環球影城跟其他的環球影城,冒險島聚集了更多刺激驚險、更具特色的遊樂設施,在 2010 及 2011 年,都獲得世界上最好玩遊樂園的殊榮,深受大家歡迎。

　　冒險島真的不愧是遊樂園之王,一整天下來,真的是精采連連,無論是超級英雄島上的各個英雄、卡通湖噴的全身溼透透,侏儸紀公園裡的超真實恐龍、跟著辛巴達一起去冒險的失落世界、來不及玩到,但看起來很可愛的蘇西世界,還是走進電影場景的哈利波特魔法世界,每一區都非常的精采,絕對會是讓人想一去再去的遊樂園。

千萬別錯過的必玩設施

NO.1 哈利波特禁忌之旅（Harry Potter and the Forbidden Journey）

這是我們玩了那麼多遊樂設施後，公認最好玩的一樣，也是哈利波特魔法世界最受歡迎的一項設施，有看過哈利波特的人，一定會非常喜歡這項設施，從走進城堡開始，就好像走進霍格華茲一樣，魔藥學教室，四個學院的創始人及計分區、鄧不利多的辦公室、會動且會說話的照片、儲思盆……等。

　　來到黑魔法防禦教室，哈利、榮恩跟妙麗還會立體投影出現說明，最後在分類帽的警告後，坐上列車，一切變的更加真實。魁地奇比賽、密室的火龍、跟著哈利飛行在校園上方…真的是身歷其境，一點都不誇張，雖然這個遊戲讓我們排隊排最久，但還是玩了兩次都意猶未盡，第二次還因為有了第一次的經驗，知道可以帶相機進去，當然就帶進去拍了很多照，但在遊戲開始後，要記得把相機收好，以免意外發生。

　　　　　　　區域位置：哈利波特魔法世界（ The Wizarding World Of Harry Potter）

NO.2 蜘蛛人歷險記（The Amazing Adventure Of Spider-Man）

蜘蛛人絕對是環球影城最經典的遊樂設施之一。從在排隊時就會經過 Peter 工作的報社，彷彿開始進入他的生活，然後上了車、戴上 3D 眼鏡結合 4D 的科技，一起跟著蜘蛛人去冒險，蜘蛛人會突然跳上你的車子，火災時會感受到熱氣，灑水時會真的被水噴到，可以感受到電影的超實境演出，真實感百分百。

環球影城在這種進入電影情節的設施上，實在做的很好，完全身歷其境，不會有假假的感覺，玩一趟出來，本來對蜘蛛人沒有任何好感，都會忽然覺得他帥氣逼人。一出設施門口，就看到有人舉著 Spider-man 的牌子，跟著他指示的方向，便可以看到蜘蛛人本人，可以跟他合照，還索取簽名喔！

區域位置：超級英雄島（Marvel Super Hero Island）

NO.3 綠巨人浩克雲霄飛車（The Incredible Hulk Coaster）

這座雲霄飛車，曾經被旅遊頻道評選為，全球前十名的雲霄飛車，它最厲害的地方，在於短短 135 秒內，在短短 118 公尺的軌道中，七個不間斷的 360 度迴旋，真的是十分驚險，上去之前真的是看到那麼多彎都暈了，但抱持著太早起床，需要清醒一下的心情，我們還是決定以它，做為一整天的開始。

高速的快衝，兩秒之內，從零加速到 40 英里，等於航空母艦起飛的速度，真的是尖叫停不下來。下來後，即使頭沒暈眼沒花，也會覺得腳很輕，絕對是一早醒腦的好選擇。喜歡雲霄飛車的朋友，千萬不能錯過浩克，而怕暈的朋友，則最好不要輕易嘗試。

區域位置：超級英雄島（Marvel Super Hero Island）

NO.4 大力水手卜派與布魯托的平底船

（Popeye and Bluto's Bilge-Rat Barges）

這絕對是全冒險島，最讓你溼透的遊樂設施，像是急流泛舟一樣，在這裡跟著大力水手一起冒險，沿途會經過不同場景，不斷遇到危險，湍急的水流、崎嶇的路，你的船不斷撞擊，激起水花，沒有一個位置可以逃過，還要不時被站在上面的遊客用水槍攻擊，一趟旅程下來，真的是連內褲都會溼透，穿雨衣都沒用。

要是不想濕淋淋的，環球影城有提供很特別的人體烘乾機，那是一台大概可以站三至五人的機器，但因為使用一次是五塊美金，而我們早就有準備乾毛巾跟褲子，太陽也很大，所以就沒試用看看，要是想要快速烘乾的人，可以試試。

區域位置：卡通湖（Toon Lagoon）

NO.5 龍的挑戰（Dragon Challenge）

這項雲霄飛車，其實在還沒有哈利波特園區時就在了，當初的名字為 Dueling Dragons 雙龍對決，本來就是一樣受歡迎的設施，在哈利波特開幕後，剛好代表哈利波特的三巫鬥法大賽。兩部同時出發，且軌道相互交錯的懸吊式雲霄飛車，在急速中，常會讓人有兩台雲霄飛車就要對撞的錯覺，非常驚險刺激。

藍色軌道的比較刺激，所以我們先從紅色軌道開始玩，轉幾圈下來，這真是 Amber 唯一有感到小暈的遊樂設施，所以當 Ivy 提議在去玩另外一個軌道時，Amber 就拒絕再玩一次，選擇到隔壁的店看看，等他們下來，愛雲霄飛車的 Ivy 倒是玩的不亦樂乎，連續兩次，都還面不改色。

區域位置：哈利波特魔法世界（The Wizarding World Of Harry Potter）

哈利波特魔法世界（The Wizarding World Of Harry Potter）

哈利波特魔法世界，是由霍格華茲城堡、禁忌森林及霍格莫德小鎮，三個區域組成。霍格華茲城堡是透過哈利波特的禁忌之旅一覽校園風光，

玩完遊樂設施，還可以到飛七的沒收物品商店，裡面有很多與學校有關的商品喔！

　　禁忌森林則是有兩樣遊樂設施，除了龍的挑戰以外，還有一項是鷹馬的飛行，比較適合全家大小一起坐，算是溫和版雲霄飛車，當中還會經過海格的房子，及哈利在消失的密室（小說第二集）時，被撞爛的車子喲！

　　而霍格莫德小鎮當中，則有許多書中曾提到的商店及餐廳，每間都非常的有趣及真實。

　　來到這裡，當然一定要喝看看傳說中的奶油啤酒，如果不想大排長龍的到三根掃帚酒吧，街上的攤販都有賣喔，奶油啤酒還有分成兩種，一種是像沙士一樣的，再加上一層非常濃厚的奶油，一種則是冰沙式的奶油啤酒。兩種我們都覺得很好喝，但因為天氣炎熱，冰沙還是比較受我們青睞。

　　杯子也分為普通塑膠杯跟紀念杯，普通杯要 4.25 美金，紀念杯則是14.75 美金，本來我們一直猶豫要不要買紀念杯，因為怕行李根本裝不下，後來因為紀念杯可以便宜續杯，我們就還是買了一個。沒想到因為溝通不良，續杯的優惠只針對一般氣泡飲料，奶油啤酒續杯則是沒有任何優惠，真的是誤會很大。

攻略一：熱愛哈利波特的人，一入園即可往哈利波特魔法世界前進，其他想要玩完所有設施的遊客，入園後順時針開始玩即可。

攻略二：超級英雄島不時會有超人出沒，可以跟他合照，甚至要到簽名，喜歡英雄漫畫的人千萬不要錯過這區。

攻略三：冒險島最熱門的設施為哈利波特禁忌之旅跟蜘蛛人歷險記，可能需要較長的排隊時間。

攻略四：卡通湖的遊樂設施都會讓人溼透，建議在有陽光時先玩完，才不會感冒。

9-3 玩到瘋的迪士尼世界

艾波卡特 Epcot

　　EPCOT 這個名字，來自「 Experimental Prototype Community of Tomorrow」，簡單來說，就是可以看到過去、未來的剪影，以及各國風情。1982年 10 月 1 日開幕，是 Magic Kingdom 的兩倍大。在 2010 年，入園人數高達一千八百萬人，為美國為排名第三、世界第五的人氣主題樂園。一共分為兩區：Future World & World Showcase。

明日世界（Future World）：

　　在未來世界裡，你除了上山下海還可以到外太空！這裡有迪士尼世界最快的遊樂設施 - Test Track，以及超人氣設施的 Soarin'，帶你到 40 英呎高的天空翱翔，穿越高山峽谷金門大橋等等。或是海洋世界見見尼莫以及跟海龜聊天！膩了地球就駕駛太空船到外太空吧！請小心駕駛不然你會暈頭轉向！回到地球後進入時空列車帶你從過去的歷史看到未來世界的進步！

世界村（World Showcase）：

　　圍繞著湖這裡有 11 個國家的展館，每間館內都有各國的特色文化以及活動。繞完世界一周，傍晚還可以欣賞美麗的燈光煙火水舞秀。

千萬別錯過的必玩設施

NO.1 測試軌道（Test Track）

　　這項設施是美國通用汽車公司（General Motors）贊助的，為全球迪士尼最長且最快的設施之一。當時排隊加上設施暫停使用，等待的時間極久！一入園一定要先去搶 Fast Pass，否則連用 Fast Pass 也要等好久！

　　這項設施主要是模擬汽車出場前的試驗。搭乘之後除了過彎、煞車、碰撞，最刺激的就是極速狂飆！速度達 104.6 km！玩完只有意猶未盡！無奈排隊時間過長，否則我們絕對會玩第二、第三次！！

區域位置：明日世界（Future World）

NO.2 飛躍加州（Soarin'　）

　　這項設施也是一入園就要馬上拿 Fast Pass 的，儘管拿了 Fast Pass 還是要等候許久……，這項設施加州迪士尼也有，坐上座椅後，你將緩緩升起，人會隨著山勢移動，穿越河流、高山、峽谷、海岸、橘子園，偶爾會往下俯衝，或是快撞上岩壁的假象，真實的彷彿置身雲端，還會聞到一股橘香，好像到美國加州玩了一圈。它將帶領你到許多知名景點：金門大橋、優勝美地、舊金山等，最後到加州迪士尼看場煙火秀，太酷了

區域位置：明日世界（Future World）

請布魯托幫我們簽名，但他在他
嘴上簽也太可愛了！！！

這裡的大明星！！

NO.3 偶像見面會（Epcot Character Spot）

在迪士尼世界要跟喜愛的人物拍照，可能要看時間還要看運氣，在這裡他們都聚集在一起了，不用東跑西跑才可以跟他們拍照！但這邊只有米奇的好朋友們歐！我們還準備了本子給偶像簽名，快看看照片吧！

區域位置：明日世界（Future World）

我們想說唐老鴨比較矮，不然蹲著跟他拍好了，沒想到他就跟我們一起坐下，也太可愛了！

NO.4 太空船地球號（Spaceship Earth）

這項設施也非常熱門，位於入口處的球型地標內，我們沒玩到這項設施，好令人悔恨啊！聽說這是一項非常有教育意義的設施，搭乘小飛船繞著軌道緩緩上升。旁邊的佈景，是回顧人類的起源以及文明的發展，到最後未來的模擬。音樂則是由艾美獎得主 Bruce Broughton 以及知名演員 Dame Judi Dench 當旁白。還有互動螢幕選擇，據說最後會把遊客的臉，模擬在未來人身上！聽起來很有趣！讀者一定要幫我們玩這項設施！

區域位置：明日世界（Future World）

世界村（World Showcase）

在世界村的 9-11 月，有 Epcot International Food & Wine Festival，很幸運的我們剛好在這時候到訪，除了原有的 11 國展館食物，還多了許多他國的小攤販，到這裡記得留一點胃品嚐美食！3 月份則是花季，你會發現超過 75 個可愛造型的卡通人物，置身於花叢間，過個可愛又詩意的春天吧！

暑假期間以及聖誕節假期，這裡也有活動歐！來之前不妨到官網看看有什麼最新活動吧！

　　世界村的每個展館，除了各國文化，連工作人員好像也是該國來的在中國館就是中國人在賣食物，日本館就有日本人，實在太酷了！來這裡彷彿參觀世界一周了！但這裡真的相當大，腳也有點酸……，記得把午餐晚餐的時間，都安排來這體驗異國美食！

　　在世界村的湖 World Showcase Lagoon，晚上有美麗的燈光煙火水舞秀！長達 14 分鐘，那天我們不知是哪跟筋不對，沒有仔細看地圖，或是繼續玩遊樂園有點累，居然錯過了煙火…！所以說來迪士尼玩真的不能太隨性，沒有規劃你根本玩不完的！據說在德國館前面或是加拿大館跟法國館的中間，視野最好歐！

一日遊攻略

攻略一：

先拿 Soarin 或是 Test Track 的 Fast Pass，沒拿到 Fast Pass 的就先排隊玩。

攻略二：

去玩 Mission： SPACE、Spaceship Earth 等。

攻略三：

接下來依照你認為順的路線、想玩得程度或是想看的 show 時間去排順序。記得你手中 Fast Pass 時間一到馬上進去。

攻略四：

建議儘快把明日世界（Future World）的設施都玩完，記得跟偶像拍照，用餐時間人比較少！世界村（World Showcase）的館要仔細看的話會花很多時間，中餐晚可安排在這吃異國料理。

攻略五：

晚上有燈光煙火水舞秀大約在 9：30 開始，記得要提前卡位。

迪士尼好萊塢影城 Disney's Hollywood Studios

　　迪士尼好萊塢影城於 1989 年 5 月 1 日開幕,佔地 54 公頃,是四座樂園中最小的一個,以好萊塢經典影片和影視娛樂、幕後製作為主題,園區分為六個區域,還擁有迪士尼最經典的大型戶外表演 -Fantasmic!

　　好萊塢影城的地標是一個藍色米奇巫師帽,高 122 英尺,為米老鼠在 1940 年的經典迪士尼電影「幻想曲」中所戴的。

千萬別錯過的必玩設施

NO.1 魔幻水舞秀（Fantasmic!）

　　Hollywood Studios 最重要的魔幻秀，是大型的聲光水舞秀，八點開場的表演，從五、六點就會有人開始進場，想要搶到好位置的人，一定要早早就進場等待，我們因為先去玩了玩具總動員，到的時候都已經沒什麼位置，還要分開坐，一開始以米奇的幻想揭開序幕，一部部經典迪士尼電影出現在水舞中，接著所有迪士尼人物會坐上船與大家見面，最後以特效起火及煙火結束，無論水舞或特效都十分壯觀。

區域位置：日落大道（Sunset Boulevard）

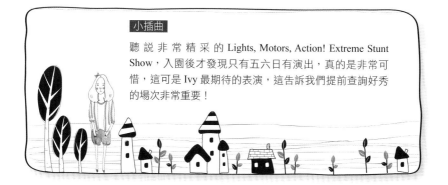

小插曲

　　聽說非常精采的 Lights, Motors, Action! Extreme Stunt Show，入園後才發現只有五六日有演出，真的是非常可惜，這可是 Ivy 最期待的表演，這告訴我們提前查詢好秀的場次非常重要！

NO.2 皮克斯遊行（Pixar Pals Countdown to Fun!）

下午三點的大遊行，是好萊塢最重要的表演之一，所有皮克斯電影曾出現過的人物，都會在隊伍中表演，幾乎所有樂園裡的遊客，在這個時候都會一起觀看這場遊行，所以站到好位置也是非常重要的，我們很喜歡皮克斯，當然就提早前去魔術帽廣場佔位子，第一排果然視野非常好，都可以跟卡通人物近距離接觸，當玩具總動員壓軸出場時，只能說那台車實在太可愛，會讓人為之瘋狂

區域位置：好萊塢大道（Hollywood Boulevard）

NO.3 搖滾飛車（Rock 'n' Roller Coaster Starring Aerosmith）

以美國搖滾時代作為背景，在排隊時就可以看到許多巨星及樂器，搖滾天團史密斯飛船，還會幫觀眾做介紹，坐上飛車後，聽著史密斯飛船的音樂，進入到搖滾世界，算是另外一種太空山，一路熱血狂飆。

區域位置：日落大道（Sunset Boulevard）

NO.5 電影史演進（The Great Movie Ride）

走進仿照好萊塢的中國戲院，從大廳就打造成片場的樣子，還跟好萊塢一樣，有名人的水泥手印跟簽名，只不過這裡是迪士尼明星的手印。這項設施是坐著車，穿越好萊塢各個電影時代，每輛列車上會有一個解說員講解。

本來以為只是經過一些場景，然後解說，沒有什麼特別的，沒想到解說員好認真，一直精力充沛的在演戲，結果突然不見，列車就被壞人挾持了。因為我們坐在第二排，是在解說員後面，壞人一上來就一直嚇我們，一下碎唸、一下忽然大笑、大叫，想嚇死就坐在他正後面的 Ivy。害我們一直處於緊繃狀態，過了幾個區域，壞人才被攻擊，然後原本的解說員又回來，繼續認真的解說，整個遊戲，因為工作人員認真的演出，算意外的有趣。

區域位置：好萊塢大道（Hollywood Boulevard）

一日遊攻略

攻略一：

第一個 Fast Pass 請到皮克斯拿 Toy Story Mania，那是全樂園最熱門的遊戲。

攻略二：

沿著路線，先玩地圖左半邊，注意秀的時間，把同一邊想看的表演時刻列出來，中間有時間就穿插遊樂設施。

攻略三：

回到皮克斯玩玩具總動員，順便把魔術帽附近的設施玩完、吃東西，稍作休息，等待看 3 點的大遊行（Amber 認為在魔術帽前廣場看視野很好）。

攻略四：

玩另外半邊的 Animation Courtyard 和 Sunset Boulevard，剛好可以趕上晚上的 Fantasmic!

迪士尼魔幻王國 Disney's Magic Kingdom Park

　　1971 年 10 月 1 號，奧蘭多迪士迪世界開放了第一座遊樂園 - 迪士尼魔幻王國，也是迪士尼世界裡最主要的一個園區，以灰姑娘城堡為中心，共分為六個主題區域，其中美國大街是仿造迪士尼電影《小姐與流氓》裡的街道，大街的一端就是迪士尼最大的象徵建築 - 灰姑娘城堡。

千萬別錯過的必玩設施

NO.1 米奇幻想曲（Mickey's Philhar Magic）

　　最受矚目的煙火秀，從不斷變換燈光的城堡開始，像是穿上了不同衣服，不同顏色的城堡有不一樣的感覺，忽然小飛俠裡的小精靈 - Tinker Bell 從天而降，從城堡上的窗戶滑落消失在空中，真的是非常神奇，尤其還是真人演出。

　　接著煙火就開始了，看過台灣大大小小的煙火秀，所以想説煙火應該就那樣吧！沒想到意外的精采，只能説迪士尼非常有誠意，每天都放那麼精采壯觀的煙火給所有觀眾，而且我們所站的位置，視野非常清楚，也在無比絢麗的煙火下，結束這為期三天的迪士尼之旅。

　　　　　　　　　　區域位置：美國大街（Main Street U.S.A）

NO.2 巴斯光年飛向宇宙（Buzz Lightyear's Space Ranger Spin）

一樣喜愛玩具總動員的人，絕對不可以錯過的遊樂設施，不管在哪個園區，玩具總動員都非常受到歡迎。這是以巴斯光年為主的射擊遊戲，過程中，會一直出現 Amber 最喜歡的三眼怪，跟著巴斯及比薩星球的三眼怪，一起在宇宙中射擊壞人吧！這遊戲會讓人心智年齡，瞬間降低到只有 5 歲，玩得不亦樂乎，還意猶未盡

區域位置：未來世界（Tomorrowland）

NO.3 迪士尼大街遊行（Main Street Electrical Parade）

所有經典迪士尼的人物，都會在這遊行中出現，除了各個公主及米奇米妮、史迪奇這些主角人物外，連虎克船長、灰姑娘的壞後母及姊姊都會出現，非常幽默！尤其是當 Amber 想要捕捉壞後母時，他竟然做了一個怪表情還看鏡頭，真的是很可愛又很敬業，而我們抱持著要看清楚，不要離很遠的心態，佔了第一排好位置，還有跟阿拉丁裡的神燈精靈握到手呢！

區域位置：美國大街（Main Street U.S.A）

NO.4 飛濺山（Splash Mountain）

玩了三天的迪士尼，都沒玩到水上設施，對於在高溫下曬了好幾天的我們來說，這樣可以消暑的遊戲，當然是二話不說馬上排隊，因為天氣實在是太炎熱，即使抽了 Fast Pass，也還是排了一下隊，不過濕身的程度，並沒有環球影城來的可怕。

區域位置：Frontierland 拓荒島

NO.5 太空山（Space Mountain）

迪士尼最經典的遊樂設施之一，也是許多黑暗雲霄飛車的始祖，作為一大早的第一樣遊樂設施，有提神醒腦的作用。遊戲結束後，走出來的手扶梯旁，還有一系列有趣的拍照模式，蠻有意思的。

區域位置：未來世界（Tomorrowland）

一日遊攻略

攻略一：

朝明日世界前進，第一樣衝往巴斯光年，如果很多人就拿 Fast Pass，然後去玩太空山及其他設施。

攻略二：

往夢想國前進，逆時針玩，飛濺山跟大雷山人多的話就拿 Fast Pass，然後去看秀，三點前到自由廣場前等待遊行經過。

攻略三：

繼續玩拓荒島，再往冒險島前進，拿叢林冒險的 Fast Pass 走回美國大街逛逛，為晚上的秀佔好位置。

9-4 全世界最快樂的地方

迪士尼加州冒險樂園 Disney California Adventure Park

　　2001 年冒險樂園開幕，以迪士尼經典電影為主題，讓加州迪士尼更加受到歡迎。現在加州迪士尼度假村，除了兩座樂園外，還有三個在園區內的度假酒店，及娛樂購物區，讓來到這裡的遊客，可以沉浸在迪士尼的歡樂氣氛，及充滿活力的故事情節中，享受到最完美的假期。

千萬別錯過的必玩設施

NO.1 米奇摩天輪（Mickey's Fun Wheel）

　　看似普通的摩天輪，竟然暗藏玄機，還分成兩種等級，一個是溫和的摩天輪，另一個是晃動版的摩天輪。來到這，當然要試試看晃動版的摩天輪。沒想到開始之後，那晃動的程度，根本是小型海盜船翻版，還沒有安全帶可以繫，連一向天不怕地不怕的 Ivy，都覺得害怕，下來還覺得有點小暈眩。怕暈的人還是選擇普通版比較適合。但這的確是很特別的一項設施，在上面也可以看到整個園區的風貌。

區域位置：天堂碼頭（Paradise Pier）

NO.2 驚魂古塔（The Twilight Zone Tower of Terro）

在這間飯店裡，曾經有五個人消失在電梯裡，走進這座老舊的飯店，一路上都營造著詭異的氛圍，一開始會進入一個大廳，看一段講解這裡歷史的影片，門口會有個服務員，在你看影片時忽然出現在你周圍，等到進了電梯，你會看到消失的那五人，接下來，在你還不知道會發生什麼事的時候，就忽然墜落，一切因為太措手不及，心臟真的會瞬間沒力，Amber認為算是迪士尼世界裡最刺激的一項遊樂設施。

區域位置：好萊塢影城（Hollywood Pictures Backlot）

NO.3 玩具總動員（Toy Story Mania）

這是好萊塢影城裡最受歡迎的遊樂設施，抽了 Fast Pass，還要等到傍晚才可以進去，進去後又排了大概半小時的隊伍，在等待的時候，就進入安迪的房間，一切都非常討喜，巴斯、胡迪、三眼怪、彈簧狗…等，在等的時候可以一直拍照，所以也不會到不耐煩，遊戲是坐上一台會旋轉的車，兩人一組，開始射擊遊戲，會出現很多玩具關卡，最後還可以比分數，過程非常有趣，也相當可愛。

區域位置：天堂碼頭（Paradise Pier）

攻略一：

一入園，先到黃金王國的灰熊歷險（Grizzly River Run）旁去拿晚上水舞秀的 Fast Pass，確保晚上有位置可以欣賞表演。

攻略二：

加州獨家的 Mickey's Fun Wheel 與 California Screamin 一定要去玩。黃金碼頭有許多攤位可以玩遊戲，幸運的話還可以得到獎品。

攻略三：

從黃金碼頭開始玩，到好萊塢影城，剛好可以欣賞下午的秀跟阿拉丁歌劇。

攻略四：

晚上的水舞秀，跟奧蘭多又是不同感受，以摩天輪跟 California Screamin 作為背景，又新增了許多皮克斯動畫，非常值得一看。

好萊塢環球影城 Universal Studios Hollywood

千萬別錯過的必玩設施

NO.1 金剛遊園車（Studio Tour with King Kong 360 3D）

沒玩過這個設施，等於沒來過好萊塢環球影城，是整個主題樂園的核心！大約半小時的旅程，包你大開眼界！除了看許多知名電影的片場，還有許多電影效果大公開，以及最真實的電影場景，還有全世界最大 3D 螢幕的《金剛》！

說太多就破梗了，請讀者抱著未知的期待去玩，一整趟除了驚呼連連以外，真的沒別的形容詞！運氣好還可以遇到大明星在拍片！啊！記得搶坐在兩側，視覺畫面最棒！

區域位置：上園區（Upper Lot）

NO.2 史瑞克 4-D（Shrek 4-D）

什麼！白馬王子死而復生了！他帶走了費歐娜公主，快跟著史瑞克跟驢子，一起去打敗壞人救公主！一進去 Universal Studios Hollywood，馬上就可以看到它了！工作人員的衣服，也很有史瑞克的味道。所謂 4D，就是除了戴上 3D 眼鏡，還有其他效果，像是噴水、風吹或是椅子隨劇情晃動。

結束一趟英雄救美旅程之後，還可以去商品店，把史瑞克或是可愛的薑餅人帶回家！出來隔壁就是史瑞克的家歐，他會不時出來晃一下，運氣好可以跟他拍照歐。

區域位置：上園區（Upper Lot）

NO.3 鬼屋（House of Horrors）

這個鬼屋是 Amber 被工作人員慫恿進去玩的。但其實 Amber 非常害怕鬼屋，而我們的 LA 特派員 Molly（照片中被吸血鬼玩弄的那位），就自告奮勇說我保護你們，加上有兩位男士，就壯著膽子進去了。結果出來的時候，反而 Molly 被嚇哭了！

聽到這件事，Ivy 超級想玩，覺得非玩不可，不過沒有人想再陪 Ivy 玩……，最後只好硬逼朋友，再去玩一次。Amber 故意守在出口，準備捕捉 Ivy 被嚇哭的一幕，可惜由於兩位男士，都熟悉哪裡有隱藏人物，加上扮鬼的人，其實不會真的抓住遊客的手腳，雖然有點害怕，但是為了保護陪 Ivy 的唯一女性 Bobo，Ivy 還對著鬼大吼：Go away!!

整個路程其實好長，而且走一走，還會遇到不敢繼續走下去的外國情侶（男的還頗壯碩），最後一群人還跟在我們後面走，只能說台灣人真勇敢是不是？歐！忘了說裡頭有德州電鋸殺人魔歐嘿嘿……。

區域位置：上園區（Upper Lot）

NO.4 神鬼傳奇（Revenge Of Mummy Roller Coaster）

Revenge Of Mummy 也是環球影城著名的雲霄飛車設施，最大的特色是它的造景非常用心，進入軌道後裡頭一片烏漆抹黑，不時有木乃伊出來嚇人，伸手不見五指的黑暗，加上速度感，你完全不知道行走方向，還會突然來個倒退！OMG 我想你 HOLD 不住它。緊張指數百分百！連天花板都有大火燄，又是一陣熱氣逼人，好像快被燒死在裡面。喜愛雲霄飛車的讀者一定不能錯過。

區域位置：下園區（Lower Lot）

NO.5 侏儸紀公園大冒險（Jurassic Park River Adventure）

侏儸紀公園大冒險，是一樣獨木舟型的設施，整個公園裡都有逼真的恐龍，不時會發出聲音，或朝你噴水，十分真實，但也因為營造的很有氣氛，讓人有緊張的感覺，尤其是在往上爬的時候，會經過很多寫著危險勿入、小心的牌子，然後就看到一隻大暴龍張開他的大嘴，同時你就開始俯衝而下，一陣尖叫聲後，結果就是噴的滿身濕，基本上前兩排的一定免不了，坐後面的可能就是上半身遭殃而已。

區域位置：下園區（Lower Lot）

一日遊攻略

攻略一：請略過 City Walk 不要逛開園前直奔入口。

攻略二：先玩金剛遊園車（Studio Tour）、變形金剛 3D（Transformers：The Ride 3D）

攻略三：到下園區玩神鬼傳奇（Revenge Of Mummy）後玩侏儸紀公園大冒險（Jurassic Park River Adventure）。

攻略四：回到上園區史瑞克 4-D（Shrek-4-D）、辛普森家庭（The Simpsons Ride）、鬼屋（House of Horrors）。

攻略五：Show 請自行看簡介上的時間安排，建議玩完金剛巡園車再去看秀。

拾 ・ 附錄
美國尺寸表

女生尺寸

鞋子篇

美國	5	5.5	6	6.5	7	7.5	8	8.5
英國	3.5	4	4.5	5	5.5	6	6.5	7
日本	22	22.5	23	23.5	24	24.5	25	25.5

衣服

	XXS	XS	S	M	L	XL	XXL
美國	00	0	2-4	6-8	10-12	14-16	18
英國	2	4	6	8	12	14	
歐洲		34	36	38-40	42	44	
胸圍	31.5	32.5	33-34	35-36	37.5-39	40-41	42.5
腰圍	23	24	25-26	27-28	29.5-31	32.5-33	35
臀圍	33.5	35	36-37	38-39	40.5-42	43.5-45	47

男生尺寸

鞋子篇

美國	6	6.5	7	7.5	8	8.5	9	9.5	10	11
英國	5	5.5	6	6.5	7	7.5	8	8.5	9	10
日本	24	24.5	25	25.5	26	26.5	27	27.5	28	29

衣服篇

	XS	S	M	L	XL	XXL
身高	160	165	170	175	180	185
身高	5'4"	5'6"	5'8"	5'10"	6'	6'2"
胸圍	80-84	84-88	88-92	92-96	96-100	100-104
腰圍	66-70	70-74	74-78	78-82	82-86	86-90
臀圍	82-86	86-90	90-94	94-98	98-102	102-106
肩寬	40	42	44	46	48	50

小提醒

各品牌間可能還是會有些微的差距，建議要幫家人朋友代購的朋友，最好在台灣先量好尺寸，在隨身攜帶捲尺，會更加準確喔！！

致謝

　　靠著許許多多人的幫忙，我們終於完成這本，差點變成小說的旅遊書。這一路上，要感謝的人真的太多，從家人到一面之緣的路人、老闆，大家實在太有愛，可能沒辦法提到每一個人，但我們真的獻上最大的謝意，給一路上曾經幫助過我們的朋友。

　　首先最要感謝的，當然就是 Amber 與 Ivy 的家人朋友，要是沒有家人的支持，也不會有這趟旅程，到最後贈品製作時，更是親朋好友全部出動，一起剪布、包裝，才來的及完成。

　　再來要感謝出版社辛苦的編輯—芝菱與 Chris，從文字、圖片、排版到談新書活動，都費盡心思，還要忍受我們的拖搞、文字寫太多，還交不出照片，在天天加班熬夜下，終於完成這本書。

　　美國之旅的夥伴、特派員，Eric、Ivan、Chuck、Derek、Orange、Heidy、Jo-anna、Jessica、Judy、Molly、Howard、Steven、Bobo、David，尤其要感謝 David，要是沒有你的照片及 LA 的帶路，我們的西岸大概會是空白。謝謝大家一路上的陪伴、帶路與照顧，到後來還要一直被我們逼迫提供心得、照片，實在太愛你們，這次能認識你們，真的是最大的收穫，整個暑假的回憶，大概又可以寫成另外一本書。

　　因為紐約而認識的阿豪、Adi、紐約心的 Jane 與 Eric，願意提供優惠給讀者，特別是 Jane 願意花時間與我們見面，讓我們的紐約資訊更豐富詳盡，希望有機會

在紐約再見。

　　還有從香港跨海相助，百忙之中還抽空幫我們畫插畫人物的插畫家 Frank（劉志江）以及製作影片與繪製地圖的平面廣告設計師 Bean（潘宇鋒），人真的太好，大大感謝。

　　部落客 Christina 與孫加味，提供照片與資訊，讓這本書可以更加完整。

　　感謝我們的老師、主任及校長，偶像九把刀願意推薦我們的書，CIEE 代辦 Amy 除了推薦之外，更提供了許多打工旅遊的正確資訊。

　　最後是每一位聽到我們要出書，都說真的假的、屁啦，但最後都說：好啦！一定會支持的朋友們，謝謝大家相信我們真的可以完成，而不只是愚人節的玩笑。

　　感謝《私藏倫敦－真實體驗在地漫遊》作者 Dawn 替我們繪製插畫人物。

　　從無到有，一本書的完成還真的不是太容易，出國前根本沒有過的想法，讓我們回國後，卻還天天在回味那四個半月的生活。

　　Amber 與 Ivy 繼認識 16 年，一起上課、下課，一起做畢冊、謝師宴、同居還同床、一起做報告、比賽，一起出國、一起打工、一起旅行，又一起出書，感謝彼此的忍受及包容，讓這本書在我們一起拖稿、一邊車縫贈品，一邊碎念自己真是找罪受，又一邊計畫下次旅行之下，終於完成。下一站，新加坡環球影城或香港迪士尼，誰也不准先偷跑。

玩美旅行
小資女 30 天圓夢趣

作　　者　黃怡凡・林亞靜
執行編輯　詹雁婷
封面設計　羅芝菱
排版設計　小工、羅芝菱、Chris
特約攝影　David
行銷策劃　詹雁婷

發 行 人　黃輝煌
社　　長　蕭艷秋
財務顧問　蕭聰傑
出 版 者　博思智庫股份有限公司
地　　址　台北市中山區松江路 206 號 14 樓之 4
電　　話　(02)25623277
傳　　真　(02)25632892

總 代 理　聯合發行股份有限公司
電　　話　(02)29178022
傳　　真　(02)29156275

印　　製　禹利電子分色有限公司
定　　價　320 元
第一版第一刷　中華民國 101 年 4 月

ISBN　978-986-87284-7-9
©2012　Broad Think Tank Print in Taiwan

版權所有　翻印必究

折價卷

紐約華人計程車折價卷

折扣 **5** 元美金

司機／阿豪　　聯絡電話／646-667-8842
505309140qq.com
使用期限／2012-2014

紐約心民宿

連續住三晚折價 **10** 元美金

聯絡方式／718-877-5535（Jane）
使用期限／2012-2014
注意事項／如有變動，一切依紐約心為主，影印無效。

魅力**歐洲**

浪漫邀遊

 歐洲 **IGRP11152**

夏戀【捷克】
五星布拉格音樂會10日

加1元, 送六大好禮

✈ **59,999**
(含稅起)

 歐洲 **IGRP11148**

璀璨【義大利】
莊園五漁村.
烏菲茲遺產美食11日

再送5星好禮

✈ **69,900**
(含稅起)

 歐洲 **IGRP11100**

花神【荷比盧法德】
庫勒慕勒雙宮城堡
遊河騎單車10日

第二人折10000

✈ **76,900**
(含稅起)

歐洲 **IGRP11146**

阿爾卑斯007【瑞法】
雙最名峰.黑森林三宮遊河10日

原價89900, 減10000

✈ **79,900**
(含稅起)

詳細行程內容、出發日期及正確報價, 請洽燦星官網。